Karl-Wilhelm Weeber

Wie Julius Caesar in die Fanmeile kam

Der Autor

Karl-Wilhelm Weeber, geb. 1950, war Direktor des Wilhelm-Dörpfeld-Gymnasiums in Wuppertal und ist Professor für Alte Geschichte an der dortigen Universität. Und natürlich unterrichtet er Latein. Er ist Autor zahlreicher erfolgreicher Sachbücher, in denen er einen leichten und humorvollen Zugang zu der Welt der Antike eröffnet.

Karl-Wilhelm Weeber

Wie Julius Caesar in die Fanmeile kam

Der etwas andere Einstieg ins Lateinische

Mit Illustrationen von Frank Wowra

FREIBURG · BASEL · WIEN

MIX
Papier aus verantwor-
tungsvollen Quellen
FSC® C083411

Originalausgabe
© Verlag Herder GmbH, Freiburg im Breisgau 2009
ISBN 978-3-451-30203-9

Neuausgabe
© Verlag Herder GmbH, Freiburg im Breisgau 2018
Alle Rechte vorbehalten
www.herder.de

Umschlaggestaltung: Judith Queins
Umschlagmotiv: © Anna Zimmermann

Satz: Dtp-Satzservice Peter Huber, Freiburg
Herstellung: CPI books GmbH, Leck

Printed in Germany

ISBN Print 978-3-451-06794-5
ISBN E-Book 978-3-451-81315-3

Inhalt

1. *Latinum in latrinam?* – Denkste! Latein ist in!
— 9 —

2. Wenn Vögel in die Mauser kommen und Schüler rappelig werden ... ist die Sprache Roms nicht weit
— 15 —

3. Mittelstürmer, Minirock, Model – Gibt's das auf Latein?
— 23 —

4. Mit *ex* ist alles aus – Wie lateinische Wortbausteine das Deutsche bereichern
— 32 —

5. Von *purgamentum*, „Drecksack!", bis *senex recoctus*, „aufgewärmter alter Knacker!" – Schimpfen wie die alten Römer
— 38 —

6. Latin reloaded – Denglisch ist out, Denglatein ist in
— 52 —

7. „Meiner Süßesten und Liebsten einen Gruß" – Auch die Römer kannten schon Graffiti
— 58 —

8. Kleines Ausreden-Latinum – Mit „geflügeltem" Sprichwort-Latein durch den Alltag
— 72 —

9. Warum der September der siebte Monat und Freitag
der Tag der Liebe ist – Datieren wie die alten Römer
— 89 —

10. Krasse Sprache, nix für Nullpeiler –
Eine jugendsprachliche Anbagger-Tour mit Ovid
(nicht nur) im alten Rom
— 94 —

11. Arte oder Vox – Welcher TV-Kanal ist näher dran
am Lateinischen?
— 101 —

12. Börse und Politik, Medizin und Liebe –
Fremdwörterlatein in vier Lektionen
— 108 —

13. Ein bisschen Sach-Latein –
Kulturgeschichtliche Splitter in Zahlen
— 114 —

14. Teuflische Verse, magische Quadrate und
Makkaroni-Poesie – Sprachspielereien auf Latein
— 125 —

15. Wo Mars Kraft gibt und Rex-Pils „das" wahre König
der Biere ist – Werbungslatein im Supermarkt
— 137 —

16. Römer live in Pompeji – Latein in Stein
— 145 —

17. SITVS VI LATEIN –
Sprachblödeleien in klassischem Gewand
— 158 —

18. Von Amadeus bis Zenzi –
Kleines lateinisches Namensquiz
— 161 —

19. Chronogramme –
Versteckspiel mit römischen Zahlen
— 164 —

Literaturtipps
— 171 —

Lösungen
— 172 —

1. Latinum in latrinam? – Denkste! Latein ist in!

Caesar in der Fanmeile – was für ein abstruser Titel! Stimmt, wenn man „abstrus" auf seinen lateinischen Ursprung zurückführt. Im Deutschen hat es sich als Ausdruck für „sonderbar", „schwer verständlich" entwickelt; bei den Römern aber war *abstrusum* etwas „Verstecktes", „Verborgenes". Der „Titel" hat dagegen seine lateinische Bedeutung beibehalten. Er ist die „Überschrift" eines Buches.

Was versteckt sich also hinter dem abstrusen Titel? Kurz gesagt: Der Triumph einer Sprache, die vielfach totgesagt wurde und die heute so viele Anhänger und Adepten (Schüler, die etwas „erreicht" haben, *adipisci*) hat, dass man geradezu von einer Fangemeinde sprechen könnte. Fans – das ist mitnichten Denglisch, sondern allenfalls Denglatein. Schon die Römer kannten nämlich *fanatici*, „begeisterte" Anhänger etwa der Rennparteien im Circus. Zugegeben, die „Fanmeile" war damals als Institution (*institutio*, „Einrichtung") noch nicht erfunden, aber sprachlich ist auch die Meile deutsch eingemeindetes Latein: ein Lehnwort zu *mille*, „tausend". Die „Meile" ist nichts anderes als 1000 Schritte.

Und Caesar? Der ist natürlich (*natura!*) eine Chiffre für Rom. Und angesichts seines berühmten *Bellum Gallicum* – Pflichtlektüre auch heute noch fast überall im Lateinunterricht! – auch für die lateinische Sprache und Literatur. Latein ist in der Fanmeile angekommen. Fußball war gestern, Latein ist heute. Der wahre Kaiser ist Caesar. Auf den geht schließlich der „Kaiser" zurück. Hätten Sie's gewusst, Herr Beckenbauer? Kurzum, es darf gejubelt werden (*iubilare*).

Ein bisschen zu vollmundig, meinst du, lieber Leser? (Das „du" erlauben wir uns, weil die Römer keine Höflichkeitsform kannten und der „Leser" ein nur notdürftig verhüllter lateinischer *lector* ist). Na schön, wir wollen nicht behaupten, dass alle die vielen Latein-Schüler (klar, auch lateinisch, von *schola*, ursprünglich mal die „Muße" – oh je!) in deutschen Gymnasien und Gesamtschulen eingefleischte Latein-Fans wären. Aber das Fach ist in, die Schülerzahlen steigen kontinuierlich (*con-tinuo*, „beständig") an. Nur die Lehrer werden knapp – Latein studieren (*studere*, „sich bemühen") heißt unser Appell (*appellare*, „ansprechen"), für den wir vor 20 Jahren noch belächelt worden wären ...

Latein im Rundfunk, Latein in den Charts

Von dem einst laut intonierten Schlachtruf *Latinum in latrinam!* hören wir schon lange nichts mehr. Im Gegenteil: Latein hat Rückenwind. Im Internet – pardon: *interrete* – gibt es lateinische Chatclubs (*garrulorum greges* nennen sie sich), der finnische Rundfunk und Radio Bremen strahlen seit Jahren Nachrichten in lateinischer Sprache aus (*nuntii Latini*), eine Pop-Gruppe namens Ista bringt Raps mit vertonten lateinischen Gedichten heraus, Schulbuchverlage hängen sich an die Rap-Welle an und werfen als Lernhilfen lateinische Grammatik- und Formenraps per CD (*compact disc*; klar, alles Latein: *compactus*, „gedrungen"; *discus*, „Scheibe") auf den Markt, und ein deutscher Latinistik-Professor landet mit seinem wunderbaren Buch über die „kleine Geschichte einer großen Sprache" einen Bestseller, der sogar die „Spiegel-Charts" (*charta*, „Papier") erklimmt – und darf darin ungestraft zum „Genuss beim Lateinsprechen" aufrufen. Bravo, Valafride, rufen wir Wilfried Stroh zu, auch wenn wir gegenüber dem aktiven Lateinsprechen etwas zurückhaltender sind.

Bravo – den Applaus verdanken wir doch den *Italienern*! Denkste. Tatsächlich geht das italienische *bravo* auf den lateinischen *barbarus* zurück. Ursprünglich nicht gerade eine schmeichelhafte Bezeichnung für Nichtrömer. Aber als man in der Spätantike merkte, dass die ins römische Heer aufgenommenen Barbaren barbarisch „wacker" und „tüchtig" kämpften, da wurde *barbarus* auf einmal ein positiv besetzter Begriff. Da stritt einer so aufopferungsvoll für Rom wie heuer Valafridus, dass man ihm ein aufmunterndes *bravo!* zurief. Übrigens eine Wortgeschichte, wie sie das Lateinische, guckt man mal näher hin, in großer Zahl bereithält.

Müssen wir noch darauf hinweisen, dass legendäre Werke der U- und E-Literatur – wir sprechen einen Moment mal nicht von den originalrömischen Klassikern und den Opera mittel- und neulateinischer Autoren – mittlerweile ins Lateinische übersetzt worden sind? Dass *Asterix* auch auf Lateinisch listig gegen die – stets etwas blöd daherkommenden – Römer kämpft? Dass *Max und Moritz* in lateinischer Version vorliegen, ebenso *Harrius Potter* oder *Fragrantia* alias „Das Parfum"? Dass es mit der *Vicipaedia latina* einen respektablen Latein-Ableger der Online-Enzyklopädie gibt? Dass sich der Buchmarkt immer noch als aufnahmefähig erweist für die zwanzigste oder dreißigste Sammlung lateinischer Sprichwörter und Sentenzen? Kein Wunder, mit lateinischen Zitaten kann man in Reden bei Festen und Jubiläen (beides, nebenbei, lateinstämmige Wörter) prima punkten (erneut ein Doppel-Lateinschlag!). Selbst bei Partys (richtig: auch Latein!), hört man, kommen Floskeln wie *veni, vidi, vici* oder *carpe diem!* gut. „Floskeln"? Ganz recht, das sind „kleine (sprachliche) Blüten" (*flosculi*), mit denen man mächtig Eindruck schinden kann. *Ein* Titel unter den vielen kleinen Bildungsbibeln sagt's ehrlich heraus: „Latein für Angeber".

Stell dir vor, die Welt ist voll Latein – und wir merken's nicht

Schön, dass es sie noch gibt, die guten Dinge – der Werbeslogan des Manufactum-Versandes für handgemachte (*manus; facere*) Produkte (*pro-ducere*, „hervor-bringen") gilt auch für Latein. Wobei wir etwas mutiger sind als die Manufactum-Leute und aussprechen, was sie meinen: die guten *alten* Dinge.

Das Alte ist ja nicht unbedingt das Antiquierte, sondern kann auch das Altbewährte sein. Oder sogar, siehe Antiquitäten, das besonders Wertvolle. Und Altes, das sich immer wieder in neue Zeiten hinübergerettet hat, hat sich ja gegenüber kurzfristigen Modetrends offenbar als besonders resistent (*re-sistere*, „Widerstand leisten") erwiesen. Latein ist einer dieser unverwüstlichen Klassiker und spielt noch immer in der ersten sprachlichen Liga – auch wenn es keine Muttersprachler mehr hervorbringt. Klassiker und erste Liga – das passt auch sprachlich zusammen: „Klassisch" und „Klasse" gehen auf die *prima classis* der Römer zurück, die erste, führende Klasse der Bürgerschaft.

Mag sie auch keine direkten Nachfahren mehr hervorbringen – die alte Dame (*domina*, „Herrin") Latein lebt in ihren Kindern fort. Das sind nicht nur die romanischen Sprachen – u. a. Französisch, Spanisch, Portugiesisch und Italienisch – als unmittelbare Töchter des Lateinischen, die es insgesamt auf rund 600 Millionen „Spätlateiner" bringen (pardon, auch *arrogantia* ist ein lateinisches Wort). Auch der englische Sprachschatz ist, wenn man alle Fachsprachen einbezieht, zu über 50 % lateinstämmig und auch das Deutsche ist mit zahllosen Lehn- und Fremdwörtern lateinisch nein, nicht kontaminiert, sondern nobilitiert (*contaminare*, „negativ berühren", „beflecken"; *nobilitare*, „adeln"). Wir sind vom Lateinischen geradezu umzingelt – oft ohne es zu ahnen oder es bewusst zu registrieren (*registrum*, „Verzeichnis"). Apropos „umzingeln". Klingt richtig schön deutsch? Irrtum (*error*): Es ist ein Lehnwort von lateinisch *cingere* („umgürten", „umgeben").

Wie uns das scheinbar tote Latein in allen Lebensbereichen „umgürtet" – das will dieses Büchlein in lockerem Ton, möglichst ohne den erhobenen Zeigefinger des Schulmeisters oder gar gravitätische (*gravis*, „schwer") Bildungspose aufzeigen – als Einladung für Latein-Neulinge und als Auffrischung für „Altlateiner". Wir wollen das Abendland nicht retten, sondern klar machen, wie lateinisch es ist. Übrigens nicht nur sprachlich, sondern umfassender angesichts des zivilisatorischen Fundaments (*fundamentum*, „Grundlage"), das Rom durch die erste Globalisierung seiner (Teil-)Welt sehr nachhaltig gelegt hat. *So selbstverständlich ist es ja nicht, dass wir heute noch weltweit den zwölften Monat des Jahres als den „zehnten" (decem) bezeichnen!*

„Spaß" ist Latein, Latein ist Spaß

Darf Latein, darf Lateinunterricht auch Spaß machen? Na klar, das sollte sogar so sein – zum Spaßfach wird es jedenfalls so schnell nicht abgleiten… Ein hoher Spaßfaktor („Macher") schafft Lernmotivation (*movere*, „bewegen"), und im Übrigen sind mit Spaß, Jux und Gaudi gleich drei einschlägige Begriffe lateinstämmig. Dem Spaß-Ansatz folgen z. B. die Kapitel über lateinische Graffiti, Schimpfwörter bei den Römern, jugendsprachliches Latein und scheinlateinische Sprüche. Wir stellen spaßige Aha-Erlebnisse in Aussicht.

Wenn damit die Römer lebensnäher und vom klassischen Sockel heruntergeholt werden – umso besser! Dann werden sie im wahrsten Sinne des Wortes origineller, nämlich an ihren wirklichen Ursprüngen (*origines*) erfahrbar. Wobei – das muss ich jetzt für die möglicherweise alarmierten, d. h. „zu den Waffen" (*ad arma*) gerufenen Fachkolleginnen und -kollegen klarstellen – dieser etwas andere Einstieg ins Lateinische den traditionellen nicht ersetzen, sondern ihn begleiten soll. Keine Sorge, Klassisches bleibt genug!

Ursprünglich wollten wir auch die Gegner des Lateinischen zu Wort kommen lassen. Das ist doch schon was – jedenfalls für jemanden, über dessen Bildschirmschoner „Latein, Latein, nur du allein!" flimmert! Wir haben also nach „Latein-Hasser"-Seiten im Internet Ausschau gehalten. Aber die Ausbeute war erstaunlich gering. Eigentlich nur die üblichen Sprüche mit ganz langem Bart: „*aqua* das Wasser, *vinum* der Wein, scher dich zum Teufel, verdammtes Latein!" Das Kreativpotential (*creare*, „erschaffen"; *potentia*, „Vermögen") der Latein-Hasser hat für ein eigenes Kapitel nicht gereicht. Schade eigentlich. Nein, nicht wirklich (soviel zu „modernem" Deutsch).

Immerhin, *der* Spruch ist neu und originell: „Der Papst kann Deutsch, was kratzt uns Latein?"

Als nachhaltiges Argument (*argumentum*, „Beweis") aber doch etwas dürftig. Denn der nächste Papst wird vermutlich nicht Deutsch können. Und dann? Dann seid ihr, liebe Latein-Hasser, im Dialog mit der *Sancta Ecclesia* wieder auf deren Amtssprache angewiesen. Und deren Anwendung ist ja zumindest im Raum der katholischen Kirche ausgerechnet durch den deutschen Pontifex („Brückenbauer", „Priester") deutlich ausgeweitet worden: Die lateinische Gottesdienst-Liturgie ist wieder freigegeben.

Auch das ein Beleg dafür, wie stark Latein im Trend liegt? Mag sein. Allerdings ein möglicherweise etwas riskanter Schritt. Als Regel-Liturgie gab's das ja schon einmal, und zwar über viele Jahrhunderte hinweg – mit dem Ergebnis, dass Latein-unkundige Gottesdienstbesucher zeitweise vom Verständnis dessen, was da vor sich ging, ausgeschlossen waren. Und sich auf manches Unverstandene ihren eigenen Reim machten. Da zelebrierte der Priester in feierlicher Atmosphäre unter geheimnisvollem Klingeling die Eucharistie und sprach die lateinische Messformel *hoc est (enim) corpus (meum)*; „denn das ist mein Leib..."; und für Laien hörte sich das fast wie eine Zauberformel an.

Und was hat die Latein-ferne Plebs daraus gemacht? „Hokuspokus"! Kein Joke (*iocus*)! Und damit das nicht wieder passiert, fordern wir: Latinum für alle!

2. Wenn Vögel in die Mauser kommen und Schüler rappelig werden ... ist die Sprache Roms nicht weit

Latein als Fremdwörterparadies für alle möglichen Sprachen – das ist jedermann klar. Dieses Wörter-Reservoir hat auch das Deutsche reichlich angezapft. Apparat, Distribution, Instrument, Perforation, Reverenz, Stabilität – das alles klingt nicht gerade deutsch, das hört sich nach Übernahme aus einer anderen Sprache an. Wir sprechen folgerichtig von „Fremdwörtern".

Daneben gibt es aber auch noch Lehnwörter. Sie sind in der Regel sehr früh in die germanischen Sprachen „entlehnt", d. h. aufgenommen worden – häufig, weil die Germanen die Sache gar nicht kannten und sie dann zusammen mit dem Begriff von den Römern übernommen haben. Eine bestimmte Droge haben sie erst über römische Kaufleute kennen- und dann sehr rasch (die Römer meinten schadenfroh: sogar etwas zu intensiv!) schätzen gelernt. Die Rede ist vom lateinischen *vinum*, das schnell zum germanisch-deutschen „Wein" umgewandelt wurde. Auch bei der Bautechnik waren die Römer den Germanen weit voraus. Diese erwiesen sich aber ganz unbarbarisch als dankbare Empfänger römischer Entwicklungshilfe. Sie lernten bauen wie die Römer – und nahmen auch die neuen Begriffe gern in ihren Wortschatz auf, allerdings in sprachlicher Eingemeindung. Aus *murus* wurde „Mauer", aus *fenestra* „Fenster", aus *tegula* „Ziegel", aus *camera* „Kammer", aus *cella* „Keller", aus *porta* „Pforte", aus *pila* „Pfeiler" usw.

Das Tückische an diesen frühen Übernahmen ist ihre perfekte Tarnung: Sie werden in Aussprache, Schreibweise und Bildung den Regeln der neuen Sprache angepasst und von ihrer lateinischen Vergangenheit gereinigt.

Sie tilgen sozusagen alle Spuren ihrer Herkunft. Oder versuchen es jedenfalls. Dem kriminalistischen Spürsinn von Sprachforschern entgehen sie indes nicht – die kennen ja schließlich die Ursprungswörter und die Regeln, nach denen die

Entlehnung funktioniert. „Tilgen" z. B. – das hört sich für Laien doch geradezu urdeutsch an. Verräterisch aber sind das anlautende „t", das mit dem stimmhaften „d" eng verwandt ist, und das „l" in der Wortmitte. Sie zeigen dem Spezialisten an, dass das Wort „geklaut" ist – und zwar von lateinisch *delere*, „zerstören".

Alles klar? Ach ja, auch „klar" hat eine klare lateinische Vergangenheit. Weil es so deutsch klingt, kommt man gar nicht auf das nahe liegende *clarus*, „hell", oder eben „klar".

Im Folgenden wollen wir über ein paar andere Lehnwörter auf-„klären"; ihnen ihre deutsche Tarnkappe (*cappa*, „Mantel mit Kopfbedeckung") entreißen und ihr lateinisches Original (*origo*, „Ursprung", Fremd-, kein Lehnwort!)-Gesicht wiederherstellen. Wir versprechen Aha-Erlebnisse *en masse* (auf Deutsch: „in Masse" – aber von wegen „deutsch", „Masse" ist ein Lehnwort zu *massa*, „Teig", „Klumpen").

Abenteuer Latein, kein Jux!

Abenteuer	*adventura*, „Dinge, die herankommen, sich ereignen werden" (Partizip Futur von *advenire*, „ankommen")
Anker	*ancora*
Biest	*bestia*, „(wildes) Tier"
Brief	*breve (scriptum)*, „kurzes (Schreiben)"
dauern	*durare*, „hart machen", „hart werden", „dauern"
eichen	*aequare*, „gleich machen" (den Ist- mit dem Soll-Zustand)
Esel	*asinus*
falsch	*falsus*
Fee	über französisch *fée* entlehnt aus *fatua*, „Wahrsagerin"

fein	*finitus*, „vollendet"
Ferien	*feriae*, „Festtage" (daher auch Feier, feiern)
Fest	*(dies) festus*, „Festtag"
Fieber	*febris*
forsch	*fortis*, „tapfer", „stark"
Gletscher	*glacies*, „Eis"
gurgeln	*gurgulio*, „Schlund", „Kehle", „Gurgel"
Jux	*iocus*, „Scherz"

Käse, Lärm und gute Laune – den Römern sei Dank

kacken	*caccare* (auch bei den Römern kein stubenreiner Begriff)
Käfig	*cavea*, „Höhle", „Behältnis", „Käfig"
Käse	*caseus*, „Käse"
Karre	*carrus*, „Wagen"
Kaufmann	*caupo*, „Krämer", „Wirt"
Kerker	*carcer*, „Umfriedung", „Gefängnis"
Kloster	*claudere*, „schließen" (als Fremdwörter auch „Klosett" und „Klausur")
kochen/Küche	*coquere, culina*, „kochen", „Küche"
Körper	*corpus*, „Körper
Kohl	*caulis*, „Kohl"
kosten	*constare*
Kreuz	*crux*
Krone	*corona*, „Kranz", „Krone"
Kruste	*crusta*, „Kruste" (ursprünglich „verkrustetes Blut", von *cruor*, „Blut")

kosen	*causare*, „einen Grund im Gerichtsverfahren (*causa*) vorbringen", ursprünglich „verhandeln", „reden" im Deutschen, später: „plaudern in erotischem Zusammenhang"
kurz	*curtus*
Lärm	wie „Alarm" aus *ad arma*, „zu den Waffen" (ein *lauter* Warnruf natürlich)
Laune	*luna*, „Mond" (seinen Einfluss auf das Befinden der Menschen hielt man lange Zeit für sehr groß)
Lawine	*labi*, „gleiten"
Linse	*lens*

Was „nüchtern" mit der Nacht und „peinlich" mit Bestrafung zu tun hat

Markt	*mercatus*
Mauser	*mutare*, „verändern", „wechseln"
Meile	*mille*, „tausend" (Schritte)
Meister	*magister*, „Vorgesetzter", „Lehrer"
Möbel	*mobilis*, „beweglich" (im Unterschied zu „un-beweglichen" Im-mobilien)
mollig	*mollis*, „weich"
Murmel	*marmor* (die Spielkugeln waren ursprünglich aus Marmor)
Muster	*monstrare*, „zeigen" (also ein Probestück)
Neger	*niger*, „schwarz"
nüchtern	*nocturnus*, „nächtlich" (also der nächtliche Zustand ohne Essen und Trinken)
Paar	*par*, „gleich"

peinlich	*poena*, „Strafe" (wer sich peinlich verhält, verdient Strafe)
Pelz	*pellis*, „Fell", „Haut"
Pfütze	*puteus*, „Brunnen"
Pfund	*pondo*, „an Gewicht"
Pilger	*peregrinus*, „Fremder"
Pille	*pilula*, Verkleinerungsform zu *pila*, „kleiner Ball"
Plage	*plaga*, „Schlag", „Stoß"
Pöbel	*populus*, „Volk"
predigen	*praedicare*, „(Gott) preisen"
Preis	*pretium*, „Preis"
pressen	*pressare/premere*, „drücken", „pressen"
prüfen	*probare*, „prüfen", „gut heißen" (davon auch „probieren", „erproben")
Pulle	*ampulla*, „kleine Amphore", „Fläschchen" (daher auch die „Ampel")
Pulver	*pulvis*, „Staub"
Puppe	*pupa*

Schraube locker? Alter Sack! – Beleidigungen mit lateinischem Tiefgang

quitt	*quietus*, „ruhig" (Wir sind quitt: Wir haben Ruhe miteinander)
rappelig	*rabies*, „Wut"
Radieschen	*radix*, „Wurzel", also „Würzelchen"
Sack	*saccus*, „Sack"
sauber	*sobrius*, „nüchtern"

Schalmei	*calamus*, „Rohr", „Rohrpfeife"
scheuern	über französisch *escurer*, „reinigen" entlehnt von *ex-curare*, „ent-sorgen"
Schraube	vermutlich von *scrofa*, „Schwein"; wohl wegen der Ähnlichkeit mit dem Ringel-Schwänzchen des Schweins
schreiben	*scribere*, „schreiben"
Schleuse	*(aqua) exclusa*, „ausgeschlossenes (Wasser)"
Schüssel	*scutella*, „Trinkschale"
Schule/Schüler	*schola*, „Muße", „Schule"
segnen	*signare*, „(mit dem Kreuz) bezeichnen"
Seide	vermutlich aus *saeta Serica*, „serisches (= chinesisches) Haar"; *saeta*, „Borste", „Haar"
sicher	*securus*, „ohne Sorge"
Spiegel	*speculum*
stopfen	*stuppare*, „mit Werg (*stuppa*) zustopfen" (daher auch „stoppen")
Straße	*(via) strata*, „die bedeckte, gepflasterte (Straße)"
Tafel	*tabula*
tasten	*taxare*, „häufig berühren", Intensivbildung zu *tangere* „berühren"
trachten	*tractare*, „behandeln", „(Gedanken) hin und her bewegen"
Tünche	*tunica*, „Untergewand" (die Tünche „bedeckt" die Wand wie die Tunica den Körper)
Tumult	*tumultus*, Substantiv zu *tumere*, „aufbrausen", „aufgebracht sein"
umzingeln	*cingere*, „umgeben", „umgürten"

violett	*viola*, „Veilchen"
Wein	*vinum*
Weste	*vestis*, „Kleidung"

Lehnwort-Launen – mit und ohne Mondenschein

So, das waren jetzt ein paar (*par!*) Dutzend (*duodecim*, „zwölf") von mehreren hundert Lehnwörtern, die das Deutsche dem Lateinischen klammheimlich (ein lateinisches Doppel zur Bekräftigung: *clam* heißt „heimlich!") aus dem Lateinischen „abgekupfert" (*cuprum*, „Kupfer) hat.

Persönliche (*persona*, „Person"; „Rolle") Highlights (in vordenglischen Zeiten hätte man vornehm von *lumina* gesprochen, „Glanzlichtern" – zwar auch kein Deutsch, aber immerhin Latein!) mag sich der eine oder die andere notiert haben (*notare*, „kennzeichnen"). Allgemein, das sagt die Erfahrung des Autors (*auctor*, „Urheber") liefern (*liberare*, „frei machen") vor allem „Feier" und „fein", „nüchtern" und „rappelig", „Plage" und „Pfütze", „kosen" und „sauber" sowie „Laune" nachhaltige Aha-Erlebnisse – investigative (kein Lehn-, sondern ein Fremdwort, aber lateinisch: *investigare* „aufspüren") Ausflüge in die Geschichte unserer Muttersprache, die einfach Laune machen und unerwartete Einblicke hinter die sprachlichen Kulissen erlauben.

Enttäuscht, dass wir keine Vollständigkeit angestrebt haben? Gar erpicht darauf (*pix*, „Pech"; „erpicht" also: so festgeklebt, dass man nicht mehr davon loskommt), weitere Lehnwörter aus dem Lateinischen kennen zu lernen? Bei solchen Nebenwirkungen fragen Sie Ihren Lateinlehrer oder ein etymologisches Lexikon der deutschen Sprache.

3. Mittelstürmer, Minirock, Model – Gibt's das auf Latein?

„Ist ja alles gut und schön mit der Welt- und Kultursprache Latein – aber tot ist sie schon. Oder kann mir vielleicht jemand sagen, was Hotdog auf Lateinisch heißt? Oder Minirock? Oder Mittelstürmer?"

Kein Problem, lieber Latein-Skeptiker! Das beantworten wir sozusagen mit links. Mittelstürmer – das ist der *oppugnator medius*, der „Angreifer in der Mitte". Und damit das auch gleich klar ist: Der Außenverteidiger ist ein *alae defensor* – entweder *sinistrae* oder *dextrae*, je nach dem, ob er „links oder „rechts" in der Defensive (*defendere*, „verteidigen") steht. Und der Torschütze heißt *follis in portam impulsor* – denn er „haut den Ball ins Tor rein", manchmal auch als Elfer (*ictus a metro undecimo*). Du siehst, kleingläubiger Latein-Zweifler, das Fußballspiel ist hinreichend latinisiert: *pediludium* heißt es in der Sprache Caesars. Oder auch: *follis pedumque ludus*, „Spiel mit Ball und Füßen".

Und wenn du Toto spielen willst, bitte sehr: Wir bieten dir eine *de pediludio sponsio* an. Wobei die *sponsio* gutes Altlatein ist – schon die Römer wetteten auf Wagenlenker und Gladiatoren.

Das *pediludium* dagegen ist eine Neubildung. Die Römer waren zwar ausgesprochene Ballspiel-Freaks, aber das mit den Füßen zu tun ist ihnen nicht in den Sinn gekommen. Sprachlich gesehen aber ist der *pedilusor*, „Fußballer", bestimmt kein Loser.

Zum Minirock. Es gab durchaus bei den Römern schon Damen, die „hochgeschürzte" – so nannte man das damals – Tunicen mit viel Beinfreiheit trugen. Allerdings galten sie nicht wirklich als Damen. In diese Ecke wollen wir Minirock-Trägerinnen aber auf keinen Fall stellen. Der heutige Lateiner spricht deshalb vom modernen Kleidungsstück als *tunicula minima*, „sehr kleiner Tunica" – wobei die auch noch einmal in die Verkleinerungsform -*ula* (wie *urs-ula*, „kleine Bärin") gesetzt wird. Genau genommen also ein Super-Minirock. Gegen „super" haben wir natürlich auch nichts – es ist ja pures Latein („über"), wie „Mini" eben auch von *minimus*, „der kleinste, sehr klein", abgeleitet ist.

Mit Slip und Hosenträgern in die Pizzeria – (Neu-)Latein macht alles mit

Ein paar weitere moderne Kleidungsstücke in lateinischem Outfit gefällig? Bitte sehr: Der Schlafanzug ist die *cubitoria vestis* (*cubare*, „ruhen"; *vestis*, „Kleidungsstück"), die (Blue) Jeans sind die *bracae linteae caeruleae* („blaue Leinentuch-Hosen"), die Strumpfhose heißt zugegebenermaßen etwas umständlich *vestis intima corpori adhaerens*, weil sie „unten ganz intim am Körper anliegt". Knapper dagegen die Netzstrumpfhose: Sie heißt lateinisch *tibiale reticulatum* (*rete*, „Netz"). Wenn man weiß, dass *subligaculum* bei den Römern der „Lendenschurz" war, wird das *parvum*, „kleine" *subligaculum* rasch als moderner Slip verständlich. Der Pullover ist ein *thorax laneus* („Brustbekleidung aus Wolle"), und selbst die Hosenträger – für die Römer als Verächter barbarischer Hosen ein Graus! – sind lateinisch als *bracarum habenulae* präsent – *habere*, lernt man im

Lateinunterricht, heißt ja schließlich nicht nur „haben", sondern auch „halten".

Wer Lust auf einen lateinischen Hotdog hat, braucht seinen Sprach-Appetit nicht zu zügeln. Er bestellt einfach ein *pastillum botello fartum* („Brötchen mit Würstchen gefüllt") und darf mit der Erfüllung seines kulinarischen Wunsches rechnen – wenn, ja wenn die Person auf der anderen Seite der Theke ihn versteht. Einziges Problem: Man weiß ja, wie wenig gerade die Mac-Branche in die Fortbildung ihrer Mitarbeiter investiert. Hier gibt es deutlichen Nachholbedarf!

Wahrscheinlich betrifft das auch eine Lokalität namens *taberna scriblitaria*, in der man was bestellt? Klar – eine *scriblita* oder auch *placenta compressa*. Wenn wir jetzt ein paar Spezifizierungen wie „Vier Jahreszeiten", „Funghi" oder „Margherita" hinzufügen, weiß jeder, dass von der heutzutage so beliebten

Pizza die Rede ist. Beim *isicium Hamburgense* verrät die Herkunftsbezeichnung, dass wir Burger-Hunger haben. Wer Süßes vorzieht, dem könnte mit einer *pomorum placenta* geholfen sein, einem Apfelstrudel. Oder mit einer *praemollis gelida sorbitio*, einem „recht weichen Speiseeis". Das setzt natürlich die

Existenz eines Kühlschranks voraus. *frigidarium* sagen die Neulateiner dazu, weil *frigus* die „Kälte" ist. Altrömer wären ziemlich irritiert: Für sie war das *fridigarium* der Kaltwasserbereich in den Thermen.

Das Lexicon recentis Latinitatis – Die Latein-Bibel des Papstes

Bei Beschwerden ob solcher Missverständnisse müssten wir Originallateiner Kritiker an jene Kommission des Vatikans verweisen, denen wir all die schönen neulateinischen Ausdrücke verdanken. In der Tat stimmt es ja: *native speakers* in Sachen Latein gibt's schon lange nicht mehr. Aber das Lateinische ist in *einem* Staat noch Amtssprache: dem Vatikan – aus dem ja aus allgemein bekannten Gründen auch keine neulateinischen „Muttersprachler" hervorgehen werden...

Aber der Papst wendet sich in lateinischen Enzykliken an die katholische Welt. Die werden zwar stets rasch in die Landessprachen übersetzt, doch Amtssprache ist Amtssprache. Und da in diesen Verlautbarungen – trotz eines gewissen Konservativismus der Kurie – auch Sachverhalte der modernen Welt angesprochen werden, bedarf es einer Auffrischung der lateinischen Sprache. Für „Auto" oder „Skifahren", „Atomkraftwerk" oder „Flugplatz" und für alle weiteren Dinge, die die Römer noch nicht kannten, müssen lateinische Begriffe ge- oder erfunden werden. Dafür ist eine Gruppe von Wissenschaftlern zuständig, die sich diese Termini im Auftrag des Vatikans ausdenkt. Dass auch all die Latein-Freaks davon profitieren, die heutzutage am aktiven Lateinsprechen Gefallen finden, erstaunt nicht. Auch sie wollen sich ja mit der alten Sprache Latein in der modernen Welt zurechtfinden und ausdrücken können.

Im Jahre 1992 fasste die päpstliche Kommission ihre sprachkreativen Bemühungen in einem Buch zusammen, das auf dem italienischen Buchmarkt für einiges Aufsehen sorgte: Das *Lexicon recentis Latinitatis*, „Lexikon des Neulateinischen", wurde von einer breiteren Öffentlichkeit mit großem Hallo wahrgenommen. Das gleiche Phänomen sieben Jahre später im deutschsprachigen Raum, als eine deutsch-lateinische Ausgabe des „Neuen Latein-Lexikons" herauskam. Auch wenn (oder vielleicht eher: weil?) es in den Zeitungen mehr als Kuriosum gehandelt wurde, entwickelte es sich zu einem heimlichen Bestseller. Latein ist in – erst recht, wenn es in ziemlich schräger Verpackung daherkommt. Man fragt sich ja schon, wer außer Profi- und Hobby-Lateinern solch ein Werk braucht – und es auch noch erwirbt. Aber gut, freuen wir uns über dieses außergewöhnliche Wörterbuch mit „über 15 000 Stichwörtern der deutschen Alltagssprache in lateinischer Übersetzung" – und blättern wir noch ein bisschen weiter darin.

Wie aus „Pipeline" *olei ductus* wird und aus „Cabrio" ein Wortungetüm

Wie gehen die Experten für neulateinische Wortschöpfung vor? Vielfach übersetzen sie Begriffe in „altes" Latein und fügen sie neu zusammen. *ferrivia* etwa ist der „Weg des Eisens", also die Eisenbahn, die Pipeline ist das moderne Gegenstück zum römischen *aquae ductus*, „Wasserleitung"; *oleum*, „Öl", ersetzt *aqua*, folglich: *olei ductus*. Der Kriminalroman wird zur *fabula criminalis* (*crimen*, „Verbrechen", haben wir von den Römern eh in vielen Fremdwörtern übernommen), die Rolltreppe zu den *scalae versatiles* und die Gefriertruhe zur *capsula frigorifera*, dem „Frost bringenden Behälter".

Bei etlichen Begriffen der modernen Technik werden gern lateinisch-griechische Kombinationen geprägt: Das Atomkraftwerk wird zum *ergasterium atomicum*, die Elektrizität zur *electris*, das Flugzeug zur *aeronavis* („Luftschiff"); das Motorboot zur *navicula automataria*, der Fernseher zum *instrumentum televisificum*, der Bulldozer zum *automatarius fossorius* (*fossor* ist der „Gräber"), das Auto schließlich zum *autocinetum*. Merkwürdig, dass hier das griechische *kinein*, „bewegen", zur Wortbildung benutzt wurde; *automobile* würde – siehe „Automobil" – das gleiche bedeuten (*mobilis*, „beweglich").

Umständlicher wird es, wenn Spezifizierungen ins Spiel kommen. Da wird dann das „Grundwort" näher erläutert, und das mitunter ziemlich wortreich. So wird das Cabrio zum *autocinetum cum apertili tegmine*, „Auto mit zu öffnendem Dach", der Geländewagen zu einem „schlechter Wegstrecke angepassten Auto", *autocinetum iniquo itineri aptum*. Und was bedeutet *autocinetum per iucturas ligatum*? Doppelte „Verbindung" bürgt für Stabilität: „Gelenkomnibus". Apropos Omnibus. Der Begriff wurde mal erfunden, um ein Auto „für alle" zu bezeichnen (Dativ Plural von *omnis*, „jeder, ganz"). Im Neulateinischen mutiert der „altlateinische" Omnibus zum griechischstämmigen *laophorium*, „Volkstransportierer" – und wird dadurch, bleiben wir fair, immerhin deklinierbar.

Heidi Klum und Dieter Bohlen lateinisch aufgewertet

Wir freuen uns, dass das unter vatikanischer Aufsicht entwickelte neulateinische Lexikon auch die modernen Vergnügen nicht ausschließt. Die Disko kann man umständlich als *orbium phonographicorum theca* bezeichnen oder knapper als *discotheca*. Günther Jauch – ohnehin erfreulich lateinlastig – dürfte Gefallen finden am Begriff *lusoria percontatio televisifica*, „Fernseh-Quiz". Seine Sendung hieße lateinisch *quis erit millionarius?* Auch Heidi Klum ist sicher begeistert, dass „Germany's next Topmodel" bestens übersetzbar ist mit *Germaniae optima vestium monstratrix temporis futuri*.

Ob sich Dieter Bohlen in ähnlicher Weise darüber freuen kann, dass seine Casting-Show als *scaenicae aptitudinis exploratio* nobilitierbar ist? Das hängt entscheidend davon ab, ob er weiß, was Latein ist. Wieso uns bei diesem Namen *virilitatis propugnator* einfällt? Keine Ahnung! Das ist doch Neulatein für „Macho"! Dabei hat der gute Dieter doch *cantiunculorum cantor* gelernt, „Schlagersänger" (wörtlich: „Liedchen-Singer"). Dass er nichts von einem Playboy hat, zeigt die neulateinische Bezeichnung *iuvenis voluptarius* („genussversessener junger (!) Mann"). Ob sich die Vatikan-Latinisten da im Hinblick auf das Alter von Playboys nicht noch mal genauer kundig machen sollten?

Immerhin kennen sie auch schon den *pedirotis prolabens*, „Skater", die *fabula televisifica*, „Soap-Opera", den *globulus eburneus*, die (wirklich immer „elfenbeinerne"?) „Billardkugel", die *nocturnae choreae*, „Tanzparty" (wirklich nur ein „nächtliches" Vergnügen?), das *sphaeriludium manuale*, den „Kicker-Apparat". Und selbst tendenziell Unanständiges haben die Sprachentwickler in ihr Buch aufgenommen: *sui ipsius nudatio*, „Entblößung ihrer selbst", klingt freilich nicht ganz so prickelnd wie „Striptease", und *rerum obscaenarum taberna*, „Laden mit obszönen Dingen", ist deutlich wertender als „Sexshop". Dafür ist *tegumentum*, „Schutz", umso neutraler. So wenden sich Neulateiner diskret an den Apotheker ihres Vertrauens, wenn sie ein Kondom kaufen möchten.

Lulle, Kippe, Nikotin-Junkies – Wege zum Latinum modernum

Nicht alles lässt sich erläuternd umschreiben, will man nicht Wortungetüme erzeugen wie *cursor interiectis impedimentis contendens* für Hürdenläufer („Läufer, der mit dazwischen gestellten Hindernissen wetteifert"). So entschied man sich in manchen Fällen mutig, die modernen Begriffe einfach nur durch Deklinationsendungen zu latinisieren. Aus Schokolade wird damit *socolata*, aus Tabak *tabacum*, aus Whisky *vischium*, aus Poker *pokerianus ludus*, aus Sozialist *socialista* und aus Telefon *telephonium*. Die Zigarette heißt lateinisch *fistula nicotiana*, die Kippe *nicotianae fistulae ciccum*, und Rauchen wird mit *fumum tabaci haurire* wiedergegeben, „Tabakrauch einatmen".

Angesichts der ungeheuren legislativen Schnelligkeit, mit

der *fumatores* in den letzten Jahren ins gesellschaftliche Abseits (*extra ludum*) befördert worden sind, erstaunt es nicht, wenn man unter „Raucherkneipe" im „Lexicon" noch nichts findet. Gleichwohl ist der Begriff rasch zu bilden: *caupona fumatorum* heißt dieses *asylum* (schon den alten Römern bekanntes griechisches Wort!) für *nicotino assueti*, „Nikotin-Junkies".

Man sieht: Latein hat durchaus auch die moderne Welt sprachlich im Griff. Zum umgekehrten Ausprobieren haben wir eine kleine Liste neulateinischer Begriffe angefügt – mit guten Vokabelkenntnissen und ein bisschen Phantasie kann man auf die (nicht nur) deutschen Wörter kommen. Die Auflösung findet sich am Ende des Buchs.

Vokabel-Test mal anders

1. *ferrivia subterranea*
2. *textile laneum Scoticum*
3. *natans mons glacialis*
4. *liber maxime divenditus*
5. *pulveris hauritorium*
6. *iussum sistendi*
7. *vasculum cinerarium*
8. *birota montana*
9. *res inexplicata volans*
10. *domuncula alpina*
11. *in propriam portam (pilae) ingestio*
12. *circuitus Gallicus*
13. *musicus pulsator*
14. *instrumentum cordi stimulando*
15. *qui beneficia publica percipit*
16. *extemporalis actio*
17. *notarum in cute impressio*
18. *obscaena observandi cupidus*
19. *ingens descensio fluxuosa*

20. *merum ovo infusum*
21. *nationis carmen*
22. *vestimenti apertio circa collum*
23. *arbor natalicia*
24. *canis vulpium vestigator*
25. *scholae desertor*
26. *princeps in toto terrarum orbe victor*

Der Vatikan, das zeigt u. a. das *Lexicon recentis Latinitatis*, lässt weder seine Amts-Sprachler noch die Liebhaber des Lateinischen im Stich. Enttäuscht sind wir *Latin Lovers* eigentlich nur, wenn uns unter diesem Begriff zwar sage und schreibe sechs lateinische Ausdrücke zur Wahl gestellt werden – vom *mulierarius Latinus*, „lateinischen Frauenhelden", über den *mulierosus Latinus*, „lateinischen Vielfrauenliebhaber", bis zum *Latinus feminarum captator*, dem „lateinischen Frauenjäger". Aber wir hätten es nicht für möglich gehalten, dass ausgerechnet eine päpstliche Latein-Kommission immer nur an das Eine denkt. Da funken wir SOS, *aerium nuntium mittimus: servate animas nostras!*

4. Mit *ex* ist alles aus – Wie lateinische Wortbausteine das Deutsche bereichern

Früher, in den ökologisch nicht ganz so aufgeklärten Zeiten, gab es ein Mittel namens Unkraut-Ex. Das war eine ziemlich aggressive Substanz, die zudem nicht einmal hielt, was ihr Name versprach. Zwar wurde das damit übergossene Unkraut gelb und welk, aber *heraus*ziehen musste man das abgestorbene Zeug doch noch mit den Fingern – was man auch ohne Unkraut-Ex hätte tun können.

Die lateinische Präposition bzw. Vorsilbe *ex-* – als Kurzform auch *e-* – heißt „aus", „heraus". Sie erfreut sich in den letzten Jahren zunehmender Beliebtheit, auch und gerade in der Alltagssprache. Wir sprechen von Ex-Weltmeistern, von Ex-Präsidenten, von Ex-Gangstern, sogar von einem Ex-Spice-Girl las man schon. Für sie alle ist es „aus" – jedenfalls mit der hinzugefügten Eigenschaft. Man könnte auch vom „ehemaligen" Weltmeister etwa im Boxen sprechen, aber „Ex-Champion" klingt kürzer und knackiger. Ende, aus …

In überraschender Weise hat *ex* zudem als substantivierte Vorsilbe ohne nähere Erläuterung eine steile Karriere hingelegt. Das hört sich, so formuliert, akademisch-abgehoben an – und ist doch reichlich flacher Boulevard, wenn man's ausspricht. Die Rede ist von „der Ex" bzw. „dem Ex". „Die Ex" von Boris Becker oder auch der eigene „Ex" – „mein Ex" – das geht auch Menschen aus lateinfernen Schichten glatt über die Lippen. Und doch ist „die Ex" pures Latein. Die Beziehung ist „aus", übrig bleibt „die Ex" oder „der Ex". In Anlehnung an Unkraut-Ex könnte man bei Verheirateten auch „Ehe-Ex" bilden. Hört sich doch viel zünftiger und zackiger an als das altmodische „Scheidung". Früher sprach man noch reichlich umständlich von seiner „Verflossenen", wenn man die „Ex" meinte – und schenkte ihr damit viel zu große sprachliche Aufmerksamkeit. Vier Silben! Mit dem einsilbigen „Ex" ist heute alles gesagt: „Aus!"

exitus und *exit* – Tod oder Nicht-Tod

Das gilt auch für andere umgangssprachliche Kurzaussagen. In salopper Ausdrucksweise gilt *ex* auch als „tot". Das erscheint uns reichlich pietätlos, auch wenn es sich sprachlich anzubieten scheint. Aber selbst Mediziner sprechen etwas ausführlicher vom Exitus. Dieser „Ausgang" meint den aus dem Leben, im Klartext: den Tod. Um eben ihm zu entgehen, werden nach internationalen Übereinkommen überall, wo viele Menschen zusammenkommen, „Exit"-Schilder aufgestellt. Das englische *exit* entspricht natürlich dem lateinischen *exitus*, knüpft aber an die ursprüngliche Bedeutung an: „Ausgang" (*ex-ire*, „hinausgehen"). In diesem Falle also „Notausgang", „Fluchtweg". Ganz gleich, ob aus dem Flugzeug oder dem Kino – das grüne *Exit* bedeutet Lebensrettung im Unterschied zum medizinisch endgültigen Lebensausgang.

Klein geschrieben, findet man *exit* auch als Regieanweisung in Dramen. Die damit gemeinte Person „geht hinaus". Sie „tritt ab" – allerdings nur von der Bühne. Und tut es auch selbst: Dieses *exit* ist die 3. Person Singular Präsens von *exire*.

Auch wenn es jetzt so aussehen mag – *ex-* oder *e-* bezieht sich keineswegs nur auf mehr oder minder existentiell wichtige Situationen. Die lateinische Vorsilbe hat den deutschen Sprachschatz auch durch viele unspektakuläre, ganz normale Wortbildungen bereichert. Ex-portieren etwa heißt „heraus bringen" (*ex-portare*), die CO_2-E-mission ist das, was an CO_2 e-mittiert, „heraus-geschickt" (*e-mittere*) wird; E-migranten „wandern aus" (*e-migrare*), und wenn ein Ort e-vakuiert wird, wird er sozusagen „aus-geleert" (*ex* + *vacuus*, „leer"). Ein Ex-ponat ist ein meist harmloses „Aus-stellungs"stück (*ex-ponere*), eine E-ruption ein meist deutlich weniger harmloser „Aus-bruch" (*e-rumpere*), eine E-dition eine „Aus-gabe" (*e-dere* von *dare*, „geben"), eine E-jakulation eine „Heraus-Schleuderung" (*iácere*, „schleudern").

Beim Ex-pilieren werden unerwünschte *pili*, „Haare", „heraus" gerupft, beim Ex-trahieren durchaus noch erwünschte, aber zum Problem gewordene Zähne „heraus-gezogen" (*trahere*, „ziehen"), beim Ex-humieren Leichname „aus der Erde" (*humus*) geborgen. Selten gebraucht, aber ohne Probleme zu verstehen, wenn man lateinisch *heres* als „Erbe" kennt: Beim „Exheredieren" hat es sich für den Betroffenen „aus-geerbt".

Als unschön werden Ex-kremente empfunden, „Aus-scheidungen" des Darmes (*ex-cernere*, „aus-scheiden"); positiv besetzt dagegen ist jede Form der E-manzipation. Und das auch sprachgeschichtlich völlig zu Recht: *mancipium* ist jemand, der mit fremder „Hand gepackt" worden ist (*manus*, „Hand"; *capere*, „greifen"). Das konnte bei den Römern im übertragenen Sinne ein Sklave, aber auch eine Frau sein. Die Vorsilbe *e-* macht klar, dass die betroffene Person „aus" diesem Status der Abhängigkeit herausgekommen, also aus fremder Gewalt befreit ist.

„elitär" ist Latein – aber Latein ist nicht elitär

Auch Adjektive halten bei den *ex-* und *e-*Bildungen wacker mit. Ist etwas ex-zellent, so „ragt" es „heraus" (*ex* + rekonstruierbares *cellere*, „ragen"); ist es e-norm, so tritt es „aus einer Regel" (*norma*) heraus, weicht also nach oben von der Norm ab. Wer ex-zessiv schwitzt, „tritt" (*cedere*) deutlich „aus" dem üblichen Maß heraus und überschreitet das als üblich Empfundene. Je nach dem, in welchem Bereich das exzessive Verhalten angesiedelt ist, kann die Norm-Abweichung auch als negative „Ausschweifung" verstanden werden.

E-legant und e-litär haben unterschiedliche Bedeutungen, gehen aber auf dieselben Ursprünge zurück. Beiden Adjektiven liegt eine „Aus-wahl" zugrunde; *legere, -ligere*, „lesen", „wählen", stand bei beiden Auslese-Prozessen Pate. Ex-klusiv grenzt ebenfalls ab; *claudere* heißt „schließen". Wer ex-klusiv wohnt, „schließt" damit je nach Perspektive sich selbst oder andere „aus".

Im Englischen heißt das Wort *ex-clusive*, im Französischen *ex-clusif*, im Spanischen *ex-clusivo* und im Italienischen *es-clusivo*. Das ist weder ein Zufall noch eine „exklusive" Ausnahme. Im Gegenteil: Das Lateinische hat sein *ex*-Repertoire in allen seinen Tochter- und Stieftochter-Sprachen gut untergebracht – und das ebenso umfassend wie andere sehr gebräuchliche Vorsilben, die nicht nur ins Deutsche, sondern in zahlreiche andere Sprachen übernommen worden sind. Was wir am Beispiel *ex-/e-* gezeigt haben, könnten wir mühelos auch an anderen Präfixen demonstrieren, und zwar international.

---

*con-, re- und trans- – Vorsilben bestimmen,
ob's zusammen, zurück oder hinüber geht*

Prä-fixe? Das sind Wortbausteine, die „vor" andere Wörter „geheftet" (lateinisch *figere*) werden. *prae* selbst ist ein solches Präfix. Es bedeutet „vor", so etwa bei Prä-ludium, „Vor-spiel". Hier die Liste weiterer lateinischer Präfixe; in anderen Sprachen unterscheiden sie sich teilweise ein bisschen in der Schreibweise):

a/ab: „von…weg", z. B. ab-solut, „ab-, los-gelöst"
ad: „an, bei zu", z. B. Ad-verb, „zum Verb gehörig"
co/con: „zusammen", z. B. Ko-operation, „Zusammen-arbeit", Kon-gress, „Zusammen-kommen"
de: „nach unten", „von"; z. B. De-ponie, „Ab-lage"
di(s): „auseinander", z. B. Dis-sonanz, „Auseinander-klingen"
in, „in", „hinein", z. B. In-vasion, „Ein-dringen"
per, „durch", z. B. Per-foration, „Durch-bohrung"
pro, „vor", „für", „nach vorn", z. B. Pro-peller, „Vorwärts-Treiber" (*pellere*)
re, „zurück", z. B. Re-klamation, „Zurück-Schreien"
sub, „unter", z. B. sub-kutan, „unter die Haut"
trans, „hinüber", z. B. Trans-port, „Hinüber-Bringen"

Ein paar Wörter nur, aber ein Wortschatz in der eigentlichen Bedeutung! Ein wahrer Schatz, mit dem man sich nicht nur Dutzende, sondern Hunderte Wörter in allen möglichen Sprachen erschließen kann. Soviel Zinsen wie beim Lateinischen gibt's auf Sprache-Lernen nirgendwo sonst.

Spaß mit der „Ex"? – Latein macht's möglich

Außer Spesen nichts gewesen? Für's Latein-Lernen gilt das sicher nicht. Wobei wir hier natürlich von Lern-Spesen sprechen. Oder, deutsch formuliert, von Lern-Aufwand. „Spesen" bedeutet nichts anderes als „Aufwand" – und kommt natürlich aus dem Lateinischen. *pendere* sagten die Römer für das auch bei ihnen nicht beliebte Bezahlen. Was dann „aus-zahlen" heißt, haben wir gerade gelernt: *ex-pendere*.

Und wie kommt es zu „S-pesen"? Das liegt an den Italienern als, na ja, Sprachnachfolgern der Römer. Sie machten aus lateinisch *ex-* häufig ein italienisches *s-*. Aus *ex-pe(n)sa* wurde so *s-pese*, und von diesen *spese* hat das Deutsche die Spesen übernommen (und auch „s-penden" und „s-pendieren", so wie die Engländer *to s-pend* – das alles sind Variationen des lateinischen *ex-pendere*, „Aus-gebens").

Es gibt noch ein paar andere Wörter, in denen das lateinische *ex-* in Form des italienischen *s-* steckt: Die S-pedition beispielsweise ist ein „Aus-Schickungs"-Unternehmen, das auf lateinisch *ex-peditio* zurückgeht. *ex-pedire* heißt „abwickeln", „erledigen", ursprünglich aber „aus Fußfesseln befreien" (*ex + pedes*, „Fußfesseln"). Zugegeben, ein bisschen kompliziert (*com-plicare*, „zusammen-wickeln"). Aber macht es nicht auch Spaß, so auch mal hinter die sprachlichen Kulissen zu schauen?

Und dabei zu entdecken, dass auch „Spaß" ein italienisch vermitteltes „*ex*-Wort" ist. Der italienische *spasso* geht auf lateinisch *ex-passus* zurück, „aus-gebreitet", „zer-streut". Ein erholsamer Zustand, eine „Zerstreuung", ein Zeitvertreib, der einfach Spaß macht!

Auf all die schönen Sprach-Entdeckungen könnten wir uns eigentlich ein Gläschen Wein genehmigen. Wenn wir das „ex!" trinken, sind wir sogar wieder beim Thema: „Raus" aus dem Glas mit dem Wein! Für das lateinische *ex*, das hat unser kleiner Streifzug gezeigt, ist es offensichtlich noch lange nicht aus. Latein – das ist fast anderthalb Jahrtausende, nachdem es keine *native speakers* mehr gibt, eine Investition in sprachliche Nachhaltigkeit. Von wegen ex und hopp!

5. Von *purgamentum*, „Drecksack!", bis *senex recoctus*, „aufgewärmter alter Knacker!" – Schimpfen wie die alten Römer

Abgehoben und edel, vornehm und kühl, distanziert und distinguiert – so, glauben viele, sei das gute alte Latein. Und natürlich tot. Kaum vorstellbar, dass das mal eine lebendige Sprache war, dass man sich auf Lateinisch über das Wetter unterhalten, Witze gerissen oder einander sogar beschimpft hat. Wie soll denn das funktioniert haben, auf jemanden eine wüste Beleidigungskanonade abzufeuern, ihn nach Strich und Faden auszukeifen, ihn mit Worten, wie man heute gern sagt, niederzumachen?

Hier der Gegenbeweis. Hören wir doch mal rein, wie da in einer Komödienszene die Fetzen fliegen. Callidorus (C) und Pseudolus (P) fallen verbal über den Bordellwirt Ballio (B) her. Der reagiert ganz abgebrüht, bestätigt die Beleidigungen ausdrücklich – und reizt seine Widersacher zu weiteren Verbalattacken:

C: *Pseudole, adsiste altrim secus atque onera hunc maledictis!*	Pseudolus, komm mir zu Hilfe und schütte den da mit Beleidigungen zu!
P: *licet. (...)*	Gern!
C: *ingere mala multa!*	Semmle ihm viele üble Ausdrücke rein!
P: *iam ego te differam dictis meis, impudice!*	Gleich werd ich dich mit meinen Worten zum Platzen bringen, du Lustmolch!
B: *itast.*	So ist es.
C: *sceleste!*	Verbrecher!
B: *dicis vera.*	Ganz richtig bemerkt.
P: *verbero!*	Prügelfresse!

B: *quippini?*	Warum auch nicht?
C: *bustirape!*	Leichenfledderer!
B: *certo.*	Klar doch!
P: *furcifer!*	Galgenstrick!
B: *factum optime.*	Super-Ausdruck!
C: *sociofraude!*	Kameradenschwein!
B: *sunt mea istaec.*	So bin ich nun mal.
C: *parricida!*	Vatermörder!
B: *perge tu.*	Weiter im Text!
C: *sacrilege!*	Tempelschänder!
B: *fateor.*	Geb ich zu.
P: *peiiure!*	Meineidschwörer!
B: *vetera vaticinamini.*	Ihr holt alte Sachen aus der Versenkung.
C: *legerupa!*	Gesetzesbrecher!
B: *valide.*	Stark!
P: *permities adulescentum!*	Kinderschänder!
B: *acerrume.*	Aber heftig!
C: *fur!*	Dieb!
B: *babae!*	Klasse!
P: *fugitive!*	Drückeberger!
B: *bombax!*	Super-Klasse!
C: *fraus populi!*	Volksbetrüger!
B: *planissume.*	Lässt sich deutlicher nicht sagen.
P: *fraudulente!*	Bescheißer!
C: *impure!*	Widerling!
P: *leno!*	Dreckstück von Luden!
C: *caenum!*	Stück Scheiße!
B: *cantores probos!*	Ihr kräht prächtig im Duett!
C: *verberavisti patrem atque matrem!*	Vater und Mutter hast du vermöbelt!

B: *atque occidi quoque potius quam cibum praehiberem: num peccavi quippiam?*

Ich hab sie sogar um die Ecke gebracht, um sie nicht durchfüttern zu müssen. Sollte ich da was falsch gemacht haben?

P: *in pertussum ingerimus dicta dolium, operam ludimus.*

Wir schütten unsere Worte in ein Fass ohne Boden. Vergebliche Mühe!

(Plautus, Pseudolus, V. 357 ff.)

Der Zuhälter Ballio verfolgt eine bemerkenswerte Strategie. Er lässt sich durch noch so rüde Beleidigungen nicht aus der Fassung bringen, sondern gibt seinen Kontrahenten scheinbar sogar Recht. So lässt er die Schimpfwörter geradezu von sich abtropfen. Sollen sie doch schimpfen wie die Rohrspatzen – ihn bringt keine Schmähung aus der Ruhe.

300 Verse lang Beleidigungen? – Für römische Schmäh-Profis kein Problem

Wohl dem, der sich mit einem solchen Panzer wappnen konnte! Er kam sicher leichter durchs römische Schimpfwortleben. Denn im Beleidigen und Kränken ihrer Widersacher waren die Römer alles andere als zimperlich. Vornehme Zurückhaltung? Fehlanzeige. Im Alltagsleben wird beleidigt und gezankt, dass es für Schimpfwort-Sammler eine wahre Wonne ist. Die Komödien des Plautus und des Terenz sind voll davon. Klar, dass da häufig übertrieben und mit derben Beleidigungs-Breitseiten komische Wirkung erzeugt wird. Aber in mancher Hinsicht sind diese Auseinandersetzungen doch auch ein Spiegel des Alltags. Das römische Theaterpublikum hatte jedenfalls seine Freude daran; die Zuschauer genossen es offenbar, wenn da so richtig vom Leder gezogen wurde.

Beliebte Zielscheiben verbaler Unflat-Angriffe waren die verhassten Bordellbesitzer. Sie machten romantische *love stories* zunichte, indem sie schnödes Geld von den verliebten Jünglingen forderten – hartgesottene, knallharte Geschäftemacher, die sich durch schmeichelhafte Worte verliebter, aber mitteloser junger Männer nicht erweichen ließen. Und die dann die Wut der Enttäuschten mit voller Schimpfwort-Wucht traf:

O lutum lenonium, commixtum caeno sterculinum publicum, impure, inhoneste, iniure, inlex, tabes populi, pecuniai accipiter avide et invide, procax, rapax, trahax – trecentis versibus tuas impuritias traloqui nemo potest.

In der kraftvollen Übersetzung von Gerhard Fink heißt das auf Deutsch:
„Ah, Dreckszuhälter, mit Scheiße gut durchmischter Dorfmisthaufen, schmutziger Kerl, ehrloser, rechtloser, gesetzloser, du Schandfleck des Volkes, Geldgeier, gieriger und neidiger, zudringlicher, diebischer, räuberischer – selbst in 300 Versen kann niemand deine Gemeinheiten ganz aufzählen!" (Plautus, Persa 406ff.)

Dreihundert Verse lang Schimpfwörter – das wäre wohl auch den an sich sehr Schimpfwort-geneigten römischen Theaterbesuchern etwas monoton vorgekommen. *Dass* das Lateinische das hergegeben hätte, ist allerdings keine Frage. Das zeigt schon eine kurze Untersuchung des gerade vernommenen Schimpfwort-Berges.

Verbale Dreckwürfe
und andere Schimpfwort-Bildungen

Die erste Abteilung ist dem Deutschen ja nicht fremd. Man wirft mit allen möglichen Formen von Dreck, vorzugsweise mit dem beliebten Sch-Wort, an das sich problemlos nicht nur „Kerl", sondern eigentlich jeder Begriff anfügen lässt. Das Lateinische hält wacker mit: Das Sch-Wort heißt dort *caenum*, „Kot", oder *stercus*, „Mist"; gern wird ein Gegner auch als *sterculinum*, „Misthaufen" verunglimpft oder als *hara suis*, „Schweinestall".

Andere Drecks-Wörter sind *sordes*, „Schmutz", häufig als Beleidigung für niedere Herkunft gebraucht, und *sentina*, „Kielwasser", „Schiffsjauche". Die stank übrigens ganz erbärmlich, so dass das eine entsprechend scharfe Schimpfwort-Waffe war.

Die nächste Abteilung in unserem obigen Schimpfwort-Haufen sind die *in*-Bildungen. Ein einfaches Rezept, um jemanden zu beleidigen: Man nehme ein Adjektiv, das eine gute Eigenschaft ausdrückt, und verneine es durch vorangestelltes *in*-. Das entspricht dem deutschen un-. Ein fast unerschöpfliches Reservoir von Beleidigungen tut sich so auf: *improbus*, „unredlich", *impudens*, „schamlos", *infamis*, „ehrlos", *infidus*, „treulos", *iniustus*, „ungerecht", *ingratus*, „undankbar", *impius*, „pflichtvergessen", *impurus*, „unrein", *inlex*, „gesetzlos", *inhonestus*, „unanständig", und so weiter und so fort. Wenn der Zusammenhang passt, werden auch sonst nur beschreibende *in*-Bildungen zu Schmähungen: *in-ops* („bettelarm"), „Habenichts", *in-anis* („leer"), „Null", *in-firmus* („schwach"), „Schwächling".

helluo, „Fresser", und *ebriosus*, „Säufer" – Im trüben Privatleben gefischt

Die nächste Kategorie: Moralische Verfehlungen, Verstöße gegen die guten Sitten. In unserem Falle: Gier, Neid, Zudringlichkeit. Bedenkt man, über welche Fülle an Beleidigungen das Lateinische in diesem Bereich verfügt, so ist unser Bordellwirt noch ganz glimpflich davongekommen. Für Schamlosigkeit hatten römische Schimpfer ein ganzes Wortarsenal zur Verfügung: *impudens*, *impudicus*, *flagitiosus* („schändlich"); *impurus* („unrein"), *audax* („skrupellos"), *flagitiosissimus* („völlig pervers"), *sordidus* („schmutzig"), *sordidissimus* („ganz fieser Charakter"), *turpissimus* („widerlicher Typ") usw.

Sehr gern wurde das Schändliche auch konkret beim Namen genannt: *ganeo*, „Vielfraß", *aleo* oder *aleator*, „Würfelspieler" – gemeint war natürlich der Würfel-Junkie, der süchtig war und verbotenerweise um Geld spielte –, *helluo*, „Fresser", *gulo*, „Schluckspecht", *ebriosus*, „Säufer", *decoctor*, „Verschwender", sowie *edax* und *vorax*, „verfressener Sack".

Sexuelles Fehlverhalten – oder das, was der Angreifer dafür hielt – war eine ausgesprochen willkommene Schwäche, auf die gnadenlos eingedroschen wurde; von *a* wie *adulter*, „Ehebrecher", über *c* wie *cunnio*, „Schürzenjäger", und *cinaedus* „warmer Bruder", bis zu *p* wie *pathicus*, „Schwuchtel". Es gibt noch drastischere, aber die lassen wir besser mal beiseite. Nur soviel: Das Sex-Vokabular der alten Römer war auch im nicht zitierfähigen Bereich ausgesprochen variantenreich...

Immerhin dürfen wir ja wohl darauf hinweisen, dass selbst Caesar als *cinaedus Romulus* öffentlich beschimpft worden ist, als „schwuler Romulus" – und zwar von keinem Geringeren als dem Dichter Catull, im gleichen Atemzug auch noch als *impudicus et vorax aleo*, „Lüstling, Fresser, Glücksspieler" (c. 29). Catull ist auch sonst nicht gerade zimperlich. Einen stadtbekannten *moechus* („Ehebrecher") tituliert er schlicht als *Mentula*, „Herrn Schwänzchen" (c. 115).

Mag ja sein, denkt vielleicht mancher Leser, dass in Künstler-Kreisen gern mal derb und ungeschminkt gelästert worden ist und man einem Poeten wie Catull sozusagen dichterische Freiheit einräumen muss. Aber wir haben da noch eine „seriöse" Version im Angebot – seriös jedenfalls, wenn man auf die Quelle und die Gelegenheit der Stellungnahme schaut. Aber die verraten wir noch nicht. Hier erst einmal das moralische Aus für einen angeblich notorischen Säufer:

„Kotzbrocken", öffentlich vorgeführt

Loquamur de nequissimo genere levitatis. Tu istis faucibus, istis lateribus... tantum vini in Hippiae nuptiis exhauseras, ut tibi necesse esset in populi Romani conspectu vomere postridie.

„Sprechen wir von der übelsten Form deiner Haltlosigkeit. Du hattest bei der Hochzeit des Hippias mit deinem Schlund und deiner Riesengurgel soviel Wein geschluckt, dass du nicht anders konntest, als unter den Augen des römischen Volkes am Tag danach zu kotzen".

Soviel als Ouvertüre. Es folgen sehr anschauliche Details:
O rem non modo visu foedam, sed etiam auditu! Si inter cenam in ipsis tuis immanibus illis poculis hoc tibi accidisset, quis non turpe duceret? In coetu vero populi Romani negotium publicum gerens, magister equitum, cui ructare turpe esset, is vomens frustis esculentis vinum redolentibus gremium suum et totum tribunal implevit!

„Was für ein nicht nur für die Augen, sondern auch für die Ohren scheußlicher Vorfall! Wenn dir das beim Essen mit deinen berüchtigten Riesen-Weinpokalen passiert wäre – wer hielte das nicht für empörend? Tatsächlich aber hat er in der Versammlung des römischen Volkes, während er ein öffentliches Amt wahrnahm, als Reiteroberst, für den schon ein Rülpser schimpflich wäre, gekotzt und mit den Kotzbrocken, die nach Wein stanken, seine Toga und den ganzen Amtssessel besudelt!"

Der wegen *levitas*, „sittlicher Haltlosigkeit", Angeklagte ist Marc Anton – und Ankläger des widerlichen „Schluckspechts" ist kein Geringerer als Cicero, der berühmteste Redner Roms. Eine Polemik in kleinem Kreise gegen den verhassten politischen Gegenspieler? Aber nein – das alles wird in einer öffentlichen Rede vorgetragen. Der Suff ist nur eine Facette von Ciceros moralischem Vernichtungsfeldzug. Es geht munter weiter mit einem Sündenregister, das mit der Jugend des „Wüstlings" beginnt. Schon damals habe er sich als *vulgare scortum* zu erkennen gegeben, als „Hure für jedermann". Seine Karriere als aktiver und passiver Lüstling sei dann steil weitergegangen, fährt Cicero fort, um dann „großzügig" abzubrechen: *sed iam stupra et flagitia omittamus. Sunt quaedam, quae honeste non possum dicere.* „Aber wir wollen von seinen sexuellen Verfehlungen und

Schandtaten nicht mehr sprechen! Da gibt es so einiges, das ich nicht sagen kann, wenn ich anständig bleiben will".

Ein äußerst gekonnter, aber doch ziemlich fieser rhetorischer Trick, den Cicero da anwendet. Seine Zuhörer mögen sich jetzt die schlimmsten Verirrungen und sexuellen Perversionen Marc Antons vorstellen. Cicero hat ihre Phantasie angeregt; die Scham verschließt ihm angeblich den Mund. Im wahrsten Sinne Unsägliches, was das „Ekelpaket" Marc Anton wohl alles getrieben hat ...

Man reibt sich erstaunt die Augen: Diese Anwürfe, diese Andeutungen aus dem Munde von Roms größtem Redner? Wie kam er dazu, jemanden vor hunderten oder tausenden von Zuhörern so vorzuführen, ihn nach allen Regeln der Kunst so bloßzustellen? Ein Ausrutscher, von blindem Hass provoziert?

Cicero als Großmeister rhetorischen Mobbings

Oh nein. Die Sudelrhetorik hatte Methode. Und sie war nichts Außergewöhnliches. In politischen Reden und vor Gericht wurde in Rom viel schmutzige Wäsche gewaschen. Manche Prozessplädoyers gerieten, um den Angeklagten als *homo perditus*, „verworfenen Menschen", „kaputte Figur", „völlig verkrachte Existenz", zu enttarnen, zu Skandalchroniken mit wüsten Beleidigungsattacken. Die Redefreiheit war in Rom weit gesteckt; man drosch, um die Geschworenen gegen den Angeklagten aufzubringen, kräftig auf ihn und sein tatsächliches oder vermeintliches Luderleben ein. Und auch der politische Gegner wurde ähnlich hart angefasst: Herabsetzungen, Verleumdungen und Beleidigungen gehörten mit zum Spiel. Die Gegenseite konnte sich ja wehren und sich mit einem Kübel von Verbalinjurien revanchieren. Dieser Umgang miteinander war natürlich nicht immer so, sondern bot sich vor allem dann an, wenn der Gegner offenkundig etwas auf dem Kerbholz hatte, wenn die aufgetischten Skandalgeschichten und Beschimpfungen zum in der Öffentlichkeit bekannten Image des Opfers passten.

Öffentliches Mobbing von der Rednertribüne aus? Man könnte es mit dem modernen Begriff tatsächlich so bezeichnen. Aber man muss schlicht feststellen, dass die Kultur des öffentlichen Umgangs miteinander in Rom eben härter und direkter war und das Persönliche und Private nicht aussparte. Wer sich in die Arena der Politik begab, wusste, worauf er sich einließ. Zartbesaitete Seelchen und Sensibelchen hatten dort nichts verloren; der rhetorische Wind wehte, was persönliche Verunglimpfungen angeht, rau – oder besser: in Orkanstärke.

Noch ein Beispiel gefällig? Bitte sehr. Diesmal richten sich Ciceros Invektiven gegen Lucius Calpurnius Piso; wir lernen einen weiteren Giftpfeil im lateinischen Beleidigungsköcher kennen – den verunglimpfenden Tier-Vergleich:

Ego istius pecudis ac putidae carnis consilio scilicet aut praesidio volebam niti? At hoc eiecto cadavere quidquam mihi aut opis aut ornamenti expetebam? Consulem ego tum quaerebam, consulem, inquam, non illum quidem, quem in hoc maiali invenire non possem.

„Ich hätte mich auf den Rat und Schutz dieses Mistviehs, dieses stinkenden Stückes Aas verlassen sollen? Von diesem

weggeworfenen Kadaver hätte ich mir irgendeine Hilfe oder Förderung erwarten sollen? Einen Consul suchte ich damals, einen Consul, sage ich, nicht aber so einen, wie ich in diesem kastrierten Schwein hätte finden können" (In Pisonem 19).

Auch für hartgesottene Römer dürfte diese Beleidigungsorgie gewöhnungsbedürftig gewesen sein – jedenfalls was das „Stück Aas", das Gammel-Fleisch und den „weggeschmissenen Leichnam" anging. Die tierischen Beleidigungen dagegen waren weniger ungewöhnlich, nicht so starker Verunglimpfungstobak wie das andere. *porces!* als „dummes Schwein" war ebenso wie ein abfälliges *pecus!*, „blödes Schaf!", üblich; ebenso der wenig schmeichelhafte Vergleich mit einer *simia*, einem Affen, oder einem *asinus*, Esel, der auch den Römern nicht gerade als intelligentes Tier erschien. Ein dahin geworfenes *canis!* („Hund!", „Köter!") war wegen der hündischen Schamlosigkeit beleidigend, wer als „Bock" tituliert wurde, konnte es sich immerhin aussuchen, ob er als „Stinker" oder als „Sexbesessener" verbale Prügel bezog.

„Hund, Mücke, Sau!" – Wenig schmeichelhafte Tiervergleiche

musca, culex, cimex, pedis und pulex – „Fliege", „Mücke", „Wanze", „Laus" und „Floh" – kommen als Verunglimpfungen ins Spiel, wenn man jemanden als „gierig", „ausbeuterisch" beschimpfen wollte – sie alle galten ja als Blutsauger und Ungeziefer. Raubvögel waren im Beleidigungs-Lateinisch Symbole für Gier, der Uhu (*bubo*) galt als Unglücksbringer.

Größere, härtere Kaliber waren indes *belua, monstrum* und *portentum*, „Ungetüm", „Monster", „Ungeheuer". Sie hatten ebenso wie *prodigium,* „schlimmes Vorzeichen", eine unmenschlich-gespenstische, unheimliche Qualität – „monströse", exzeptionelle, aus dem Rahmen fallende „Missgeburten" allesamt – Beleidigungen, die man sich gewiss nicht gern an den Kopf werfen ließ.

Dass man seine Gegner ruhig kräftig verleumden solle – *audacter calumniare, semper aliquid haeret*, „verleumde wacker, irgendetwas bleibt immer hängen!" – hat uns Francis Bacon als lateinische Weisheit späterer Jahrhunderte hinterlassen. Damit stand er freilich in „guter" alter römischer Tradition – und keineswegs nur in der heidnischen. Auch christliche Kirchenväter verstanden sich bestens darauf. Gegen Ende des 4. Jahrhunderts war ein gewisser Mönch namens Jovinian wegen seiner Irrlehren exkommuniziert wurden. In der theologischen Auseinandersetzung mit Jovinians Anhängern griff man seinerzeit auch schon mal gern ganz tief unten in die lateinische Verleumdungskiste – und beschimpfte sie als *sues, canes, vultures, aquilae, accipitres et bubones*, „Säue, Hunde, Geier, Adler, Habichte und Uhus". Und wer hat sich die hübsche tierische Beleidigungsriege ausgedacht? Der schimpfwortgewaltige heilige Hieronymus (adv. Iov. II 36).

Es fehlt noch eine wichtige Kategorie im römischen Schimpfwort-Vokabular. Wir haben sie allerdings schon in den beiden ersten Kanonaden kennen gelernt: die „Verbrecher"-Variante – auch sie eine fast unerschöpfliche Fundgrube – und viel typischer für lateinisches Schimpfen als für deutsches. Denn im Deutschen handelt man sich schnell Beleidigungsklagen ein, wenn man jemanden als Verbrecher tituliert. Die Römer waren da gelassener. *sicarius*, „Meuchelmörder", „Killer", war ebenso geläufig wie *latro*, „Bandit", *fur*, „Dieb", *venefica*, „Giftmischerin", „Hexe", *scelestus*, „Verbrecher" und *parricida*, „Vatermörder". Warf man jemandem ein *gladiator!* an den Kopf, so war das eine Beleidigung wie „Gangster" oder „Bandit". Der Berufsstand war eben verachtet; *einzelne* Gladiatoren hatten dagegen wahre Fangemeinden und galten sogar als Frauenschwarm.

Der schönste Verbrecher-Katalog der lateinischen Literatur entstammt erneut Ciceros Feder. Es ist seine Charakteristik der Catilina-Anhänger. Catilina hatte im Jahre 63 v. Chr. einen Staatsstreich versucht. Er scheiterte, auch wenn ihn einflussreiche Leute hinter den Kulissen unterstützten. Der „wachsame" Consul, der die Verschwörung aufdeckte und sich dafür zeit seines Lebens selbst feierte, war Cicero. Die Verschwörer waren sicher keine Verbrecher im eigentlichen Sinne. In der erhitzten politischen Diskussion um die „Revoluzzer" um Catilina aber wurden alle Beleidigungs-Register gezogen. Für den Consul waren sie allesamt *facinora*, „Kriminelle" – selbstverständlich mit höchst unmoralischem „background".

Quis tota Italia veneficus, quis gladiator, quis latro, quis sicarius, quis parricida, quis testamentorum subiector, quis ganeo, quis nepos, quis adulter, quae mulier infamis, quis corruptor iuventutis, quis corruptus, quis perditus inveniri potest, qui se cum Catilina non familiarissime vixisse fateatur?

„Welcher Giftmischer, welcher Gangster, welcher Straßenräuber, welcher Killer, welcher Vatermörder, welcher Testamentsfälscher, welcher Fresser, welcher Wüstling, welcher Ehebrecher, welches schlampige Frauenzimmer, welcher Jugendverderber, welches verkommene Subjekt, welcher kaputte Typ lässt sich in ganz Italien finden, der nicht zugäbe, mit Catilina in engster Vertrautheit gelebt zu haben?" (Cicero Cat. II 7).

Kleines Beleidigungs-Abc für Alltag und Ehekrach

Haben wir etwas übersehen? Ja, durchaus. Zum Beispiel die ganz alltäglichen Beleidigungen, mit denen die Römer ähnlich wie wir heute den anderen der Dummheit, Blödheit, Ignoranz, Doofheit usw. ziehen.

Das waren Allerweltsbeleidigungen wie *stultissimus*, „ausgewachsener Blödmann", *amens*, „Verrückter", „Spinner", *stolidus*, „Trottel", *fatuus*, „Schwachsinniger", *imbecillus animo*, „Idiot". Und was war mit dem „echten" Idioten? Der kommt doch aus dem Lateinischen zu uns. Richtig. Allerdings ist er griechischen Ursprungs. Der griechische *idiotes* ist noch ein „Privatmann", der zurückgezogen lebt – eine Beschreibung, keine Beschimpfung. Schon bei den Römern aber gerät er zum „Sonderling", zum „Eigenbrötler" und damit eben auch zum „Idioten", allerdings nicht so häufig und selbstverständlich wie im Deutschen.

Und wie sah es, möchte vielleicht jemand wissen, bei einem zünftigen Ehekrach aus? Ging's da auch mit gegenseitigen Beleidigungen zur Sache? Es gab sicher Ehepartner, die sich auch ohne verbale Entgleisungen „aussprechen" konnten, in anderen Haushalten aber ging es schon hoch her. Sehr hoch sogar. In seinem Schelmenroman lässt uns Petron zu Zeugen eines handfesten Ehekrachs zwischen dem neureichen Aufsteiger Trimalchio und seiner Gattin Fortunata werden. Die „glückliche" Fortunata ist da gar nicht mehr so glücklich, als ihr der eigene Mann so einiges Unfeine an den Kopf wirft: *ambubaia* nennt er sie, „Flittchen", und *codex, non mulier*, „ein Klotz, keine Frau". Trimalchio steigert sich weiter in seine Wut: Eine *fulcipedia*, eine „stelzfüßige" Gernegroße sei sie, eine *milva*, „Nebelkrähe", ein „Aasgeier", und, erneut ein Seitenhieb auf ihre frühere „Kariere" als Sklavin, eine *amasiuncula*, ein „gekauftes Liebchen". Und im Übrigen, da sie mit dem Heulen immer noch nicht aufhöre, eine *sterteia*, „Schnarchliese", „Heulsuse".

Womit hatte Fortunata sich das Donnerwetter ihres ihr sonst so ergebenen Gatten zugezogen? Sie hatte sich darüber geärgert, dass Trimalchio einen hübschen Sklaven geküsst hatte. Und ihn zur Strafe mit heftigen Beleidigungen überschüttet: *purgamentum* und *dedecus*, „Drecksack" und „schamloser Kerl". Und dann noch ein *canis!* hinzugefügt, „Hund!". Das war, wie wir gesehen haben, ziemlich heftig – und löste das Beleidigungsstakkato der anderen Seite aus (Petron 74f.).

Am Ende noch ein paar Schimpfwörter aus der sprachlichen Kreativabteilung: *sus lutulenta*, „Drecksau", *cucurbitae caput*, „Kürbiskopf", *homo ventosissimus*, „Ober-Windbeutel", *inanilogista*, „Hohl"- bzw. „Dummschwätzer", *ludia*, „Gladiatorenliebchen", „Gangsterbraut", und *senex recoctus*, „aufgewärmter alter Knacker".

Wir wollten in diesem Kapitel zeigen, *wie* lebendig Latein sein kann, eine Sprache wie jede andere, eine Sprache, in der man besonders lieben Zeitgenossen auch die verbale rote Karte zeigen konnte – und das in einer Variationsbreite, die wir nur andeuten konnten. Wer noch mehr lateinische Schimpfwörter wissen will, greife zu Gerhard Finks „Schimpf und Schande". Herr Fink hat eine vergnügliche Schimpfwortkunde des Lateinischen verfasst.

Wie man auf so einen Gedanken kommen kann? fragt da ein *procax*, „Frechdachs". Nun, Gerhard Fink war jahrzehntelang Lateinlehrer – so wie der Autor dieses Buches auch. Ist das am Ende eine subtile Rache für die vielen „Freundlichkeiten", die man als Lateiner im Laufe seines Lehrerdaseins so einstecken muss?

Sollte es so sein, dann haben wir ja auch eine Menge Gegen-Munition geliefert, z. B. das letzte Schimpfwort überhaupt. Aber Vorsicht! Wer auf Lateinisch schimpft, sollte den Vokativ gut beherrschen: – *us* wird da zu –*e*. Wer das als *homo contumeliosus*, „Lästermaul", nicht beachtet, steht schnell als *nebulo stolidus* da, als „blöder Angeber".

6. Latin reloaded –
Denglisch ist out, Denglatein ist in

Tja, liebe Sprachpuristen (*purus*, „rein"), that's life: Da lauft ihr durch die City (*civitas*, „Stadt"), kommt an Back- und Fashion-Shops vorbei, stoßt auf Hairstylisten und Music Stores – und kommt euch bei all diesem Denglisch-Nonsense (*non*, „nicht"; *sensus*, „Sinn") in eurem Commitment (*se committere*, „sich verpflichten") für die deutsche Sprache mehr und mehr als Loser vor. Ok, ihr seid frustriert (*frustra*, „vergeblich") und manch einem von euch rutscht ab und zu heraus, dass er gar nicht amused ist (*mussari*, „brummen"). Coolt down, Leute, wir haben's hirnmäßig gescannt (*scandere*, „besteigen"), dass ihr das ganze Game nicht nur funny findet. Und zeigen euch, dass das Match noch lange nicht verloren ist. Kein Joke (*iocus*, „Spaß")! Es braucht nur einen anderen Approach (*appropinquare*, „sich nähern").

Wir gehen jetzt nämlich sprachlich mal Backstage (*stare*, „stehen") und sampeln (*exemplum*, „Beispiel") mal ein bisschen im riesigen Latein-Pool der English language (*lingua*, „Sprache") herum. Auch der scheinbar so englische *pool* geht – wenn er „Vorrat", nicht „Teich" bedeutet – aufs Lateinische zurück. *pulla* ist die Henne, und deren Eier-Gelege wurde im Französischen (*poule*) auf die Spielkasse, den gesamten Wetteinsatz übertragen und als *pool* an die Engländer weitergereicht. Na, seht ihr, liebe Puristen, ihr fangt schon an zu relaxen (*relaxare*, „wieder locker werden", „entspannen"). Wir hoffen, ihr seid weiterhin mit unserem Denglatein-Service (*servitium*, „(Sklaven)-Dienst") zufrieden.

Schauen wir als erstes auf den modernsten (*modernus*, „neu") Teil unserer Lebenswelt. Alles, was mit Computern und Internet zu tun hat, ist stark Denglisch-verseucht. Eine Ansicht, deren Credibility (*credere*, „glauben"; *-ilis*, „-bar", „-lich"; *-ty* = *-tas* im Lateinischen für eine Eigenschaft) bei näherem Hinsehen voll downzuraten ist (*reri*, Partizip *ratus*, „glauben", „einschätzen") oder sogar völlig zu canceln (*cancellare*, „gitterförmig durchstreichen"). Der Computer selbst ist ein lateinischer *computator* („Rechner") und das *inter* von Internet ist ein lateinisches „zwischen". Dein Server, lieber User (*uti*; Partizip *usus*, „gebrauchen"), ist ein „Diener" (*servus*) und dein Provider einer, der für dich „vorausschaut" und für dich „sorgt" (*pro-videre*). Wenn du die Online-Connection hast, bist du mit der „Schnur", deinem „Ziel" (*linea*) „verbunden" (*connectere*). Die Homepage ist im zweiten Teil eine *pagina* („Seite") und Files sind ursprünglich *fila*, „Fäden": Der Webmaster ist im Original (*origo*, Ursprung) ein Webmagister (Meister), die Website ein Websitus („Lage", „Ort"). Alles lateinische Ursprünge, die du ignorieren (*ignorare*, „nicht wissen") kannst, aber nicht wirklich deleten (*delere*, „vernichten", „tilgen"). Got it? Oder etwas altmodischer: Kapiert? (*capere*, „begreifen").

Internet und Economy – Jede Menge Latein-Support

Fazit (*facit*, „das macht"): Der Computer-Survey (*super* + *videre*, „darüber schauen") war doch schon mal ein echtes Latein-Update (*datum*, „gegeben"). Kommen wir zur Wirtschaft. Da boomt (*bombus*, „dumpfes Geräusch") Denglisch ja ohne Ende. Error (*error*, „Irrtum"). Nicht Denglisch, sondern Denglatein. Das sollte auch jeder CEO wissen. Der Chief Executive Officer ist ein durch und durch lateinisches Wesen (*caput*, „Kopf"; *exsequi*, „ausführen"; *officium*, „Pflicht", „Aufgabe"). Sowohl beim Consulting als auch beim Controlling kommt keine Company ohne Latein aus (*consulere*, „beraten"; *contra* + *rotula*, „Schräubchen" als „Gegen"-Stück zur Überprüfung; *cum* + *panis*, „Brotgenossenschaft"). Und auch nicht beim beliebten Outsourcen. Die englische source geht nämlich letztlich auf lateinisch *surgere*, „sich erheben", „hervorkommen", zurück.

Das Marketing setzt einen *mercatus*, „Markt", voraus. Und Promoten ist das „Voran Bewegen" (*pro-movere*) eines Produkts.

Wichtig ist dabei der Support (*sup-portare*, „herbeibringen") durch die PR-Abteilung; die Public Relations sind kaum verhüllte *publicae relationes*, „öffentliche Beziehungen". Und was stellt das Promoten eines Produkts ebenso wie das Promoten einer Sprache dar? Genau: einen Challenge. *Diese* Herausforderung sollte man vielleicht besser nicht auf ihre lateinischen Wurzeln untersuchen. Da stößt man nämlich auf das Ursprungswort *calumnia*. Und das bedeutet „Verleumdung", „Rechtsverdrehung", sogar „Lug und Trug". Wobei wir nicht ausschließen wollen, dass mancher Challenge, vor den Mitarbeiter von ihren Chefs (*caput*, „Kopf") gestellt werden, nur mit Activities (*agere*, „handeln") zu bewältigen sind, die sich der *calumnia* bedienen. Worauf *wir* zum Glück beim Latein-Promoten überhaupt nicht angewiesen sind.

Methodenwechsel heißt jetzt der Challenge für uns. Sonst kann unsere Denglatein-Message (*missaticum*, „Aussendung", von *mittere*, „schicken") nicht ihre volle Efficiency (*efficere*, „bewirken") entfalten, weil die Leser möglicherweise in den geistigen Standby-Modus (*modus*, „Art und Weise") switchen. Wir fügen uns. Hier also ein bisschen Quiz-Action für zwischendurch (Quiz wohl von *inquirere*, „ausfragen"; *actio*, „Handlung"). Die Auflösung wieder am Ende des Buchs.

Customer Service und Fun Action: Englisch oder Latein?

1. Checklist
2. Nonstop
3. Firewall
4. Establishment
5. Cover Story
6. Event Manager
7. Knowhow
8. Joint Venture

9. Office
10. Outfit
11. Power
12. Slow Motion
13. Talkshow
14. Gentlemen's agreement
15. Container

Beispiele für den lateinstämmigen Englisch-Deutsch-Mix (*miscere*, „mischen") gibt es zuhauf. Allerdings auf sehr unterschiedlichem Level (*libella*, „Waage"). Zu unseren Favourites (*favere*, „gewogen sein") auf dem Catwalk der ultimativen (*ultimus*, „der letzte") Sprachverhunzung schreitet konkurrenzlos die Parfüm- und Mode-Queen Jil Sander voran. Was sprachlich so dämlich daherkommt, hat fast schon Entertainment-Qualität (*inter tenere*, „dazwischen, dabei halten"). Kein Wunder, dass sie im Jahre 1997 für das folgende Statement (*stare*, „stehen"; *statuere*, „feststellen") den Sprachpanscher-Award des Vereins Deutsche Sprache e.V. collected hat (*colligere*, „einsammeln").

Jil Sanders Leben –
Eine Giving-Story für Latein

„Mein Leben ist eine giving-story. Ich habe verstanden, dass man contemporary sein muss, das future Denken haben muss (...). Für den Erfolg war mein coordinated concept entscheidend, die Idee, dass man viele Teile einer collection miteinander combinen kann. Aber die audience hat das alles von Anfang an auch supported. Der problembewusste Mensch von heute kann diese Sachen, diese refined Qualitäten mit spirit eben auch appreciaten. Allerdings geht unser voice auch auf bestimmte Zielgruppen. Wer Ladysches haben will, searcht nicht bei Jil Sander. Man muss Sinn haben für das effortless, das magic meines Stils."

Eine denglische Horrorstory (*horror*, „Schrecken"; *historia*, „Geschichte"), meinst du, verehrter GNTLP (Germany's next top language puritan)? Von wegen. Das ist Denglatein at its best. Du verstehst die englischen expressions (*exprimere*, „ausdrücken") nämlich auch, wenn du gar nicht Englisch kannst! Voraussetzung sind lediglich solide (*solidus*, „fest") Lateinkenntnisse. Aber die sind ja stets die Basics (griechisch! basis, „Grundlage"). Hier der Beweis:

Die Story kommt, wie gerade gesehen, von *historia*; contemporary ist etwas, das „mit" (*con*) der „Zeit" (*tempus*) geht; und *futurum* nannten die Römer die bevorstehende Zeit. *co-, con-, col-, com-* im Folgenden – das sind alles Varianten zu *con*, „zusammen". Jil „ordnet zusammen" (*co-ordinare*), Jil „fasst zusammen" (*con-cipere*), Jil „vereinigt" das alles (*com-binare*), Jil „sammelt" es (*col-ligere*). Wir sehen: Jil ist, in der Giving-Story ihres Lebens ist es ja schon programmatisch zusammengefasst, voll der *con*-Typ, der immer nur an die anderen denkt. Deshalb sind wir auch eine dankbare Audience (*audire*, „zuhören") und „tragen" auch unser Money (*moneta*, „Münze") gern zu ihr (*sup-portare*). Dafür erhalten wir nicht nur fashionable (*facere*, „machen") Accessoires (*ac-cedere*, „hinzukommen"), sondern auch jede Menge Streicheleinheiten von Jil: Sie lobt unseren Spirit (*spiritus*, „Geist"), unseren feinen Geschmack (*re-*, „zurück"; *finitus*, „vollendet", also: „wieder in den Zustand der Perfektion gebracht") und dass wir das alles *appretiare* können (*ad* + *pretium*, „dem Preis entsprechend" einschätzen). Klar, dass da einkommensschwache Creatures (*creare*, „erschaffen") nicht ihre Zielgruppe sind, sondern sie ihre Voice (*vox*, „Stimme") für die finanziellen Pacemakers (*passus*, „Schritt") der Society (*societas*, „Gesellschaft") saven muss (*salvare*, „sparen", „retten"). Nur die searchen (*circare*, „herumgehen", „erkunden") ja in ihren Collections. Und das auch noch, ohne sich anstrengen zu müssen: Das -less in effortless verneint das ursprüngliche (mittellateinische) *exfortiare* (*ex* hier verstärkend; *fortis*, „stark", „kräftig"). Alles also total easy.

Die zusammenfassende Wertung gibt Gil selbst: magic. Ursprünglich griechisch, aber von den Römern übernommen, heißt das „zauberisch". Na gut, unsretwegen sogar „zauberhaft". Denn zumindest gegen Jils Sprach-Magie ist nichts einzuwenden. Sie ist unter denglateinischem Aspekt (*aspectus*, „Anblick") voll ok. Auch inhaltlich lappt sie voll ins Lateinische. Zumindest dann, wenn wir sie unter die Headline (*linea*, „Strich") „Nonstop Nonsense" (alles Latein!) stellen.

So, liebe Denglisch-Kritiker, wir kommen zum Finish (*finire*, „beenden"). Ist doch alles nicht so schlimm, finden wir – bei genauem Hinsehen wird ja das Denglische zu großen Teilen zu Denglatein upgegradet (*gradus*, „Schritt"). Eine klasse Performance (*per + formare*, „durch und durch gestalten"), die die Sprache der alten Römer da hinlegt und selbst den upgestyltesten Kauderwelsch-Mix sprachlich noch sponsert (*spondere*, „geloben", „Bürgschaft leisten"). Echt *das* Survival Training (*super + vivere*, „überleben"; *trahere*, „ziehen", „erziehen") für alle, die sprachlich in sein wollen. Latein nicht können? Ein echtes No go! Solange jedenfalls, wie Latein noch immer auf der Pole Position (*positio*, „Stellung") der Sprachen-Rallye steht.

7. „Meiner Süßesten und Liebsten einen Gruß" – Auch die Römer kannten schon Graffiti

„Narrenhände beschmieren Tisch und Wände" – der deutsche Volksmund geht nicht gerade nett mit Zeitgenossen um, die sich mit unerbetenen Kommentaren und Zeichnungen auf fremdem Eigentum verewigen. Sprayer haben es allgemein schwer, als Künstler anerkannt zu werden. Eher gelten sie als Schmierfinken und ziehen sich Anzeigen wegen Sachbeschädigung zu. Der Drang, sich mit Sprüchen, Bildern oder persönlichen Logos im öffentlichen Raum darzustellen, kann ganz schön teuer werden.

Graffiti – sie gelten vielen als Pest und Seuche der letzten Jahrzehnte, als Symptome einer Verwilderung der Sitten, einer allgemeinen Disziplin- und Respektlosigkeit im Umgang mit fremdem Eigentum. So etwas hat es bei den Römern nicht gegeben! Glauben viele und führen als Beweis dafür an, dass ja *disciplina* schließlich ein lateinisches Wort sei. Und sich die Römer viel auf ihre *disciplina Romana*, „römische Zucht", zugute gehalten hätten. Ähnlich, wie es im modernen Singapur unter Strafe steht, auch nur ein Kaugummi in der Öffentlichkeit auszuspucken oder Papier wegzuwerfen, so müssten auch die Römer vor zweitausend Jahren ihre eherne Disziplin gegenüber Verschmutzern und „Schmierern" durchgesetzt haben.

Ein Irrtum. Römische Straßen waren nicht besonders rein. Wo das überschüssige Wasser aus den öffentlichen Laufbrunnen nicht hinkam, blieb Unrat oft tage- oder wochenlang liegen. Besonders umweltbewusst verhielten sich die Bürger römischer Städte nicht. Auch wenn es verboten war, warfen viele im Schutz der Dunkelheit ihren Abfall aus den Fenstern. Selbst der Nachttopf wurde von Unverbesserlichen auf diese Weise entleert. Angesichts der vielen „Fluggeschosse" sollten Passanten im nächtlichen Rom doch froh sein, spottet der Satiriker Juvenal, „wenn sie nur von der ekligen Brühe eines Nachttopfes heimgesucht werden...".

Nicht anders verhielt es sich mit Kritzeleien und Malereien an Wänden – von „Disziplin" keine Spur. Im Gegenteil. Weder Privathäuser noch öffentliche Gebäude waren sicher vor solchen fragwürdigen Verzierungen, edle marmorne Säulengänge blieben davon ebenso wenig verschont wie alte Heiligtümer, und sogar vor Gräbern machten römische Wandbeschreiber nicht Halt. Erst recht nicht vor touristischen Attraktionen. Vornehme römische Reisende hielten ihren Besuch bei den ägyptischen Pyramiden stolz mit Anwesenheitsnotizen fest und wurden von den Ordnungshütern an den Weltwundern offensichtlich nicht daran gehindert (vielleicht guckten sie gegen ein Trinkgeld auch mal kurz weg). An der Clitumnus-Quelle, einem viel besuchten Ausflugsort in Umbrien, „waren alle Säulen, alle Wände voll geschrieben", beschreibt der Jüngere Plinius die lokale touristische „Graffiti-Szene", und zwar ohne tadelnden Unterton.

Von wegen *disciplina Romana* – überall im Römischen Reich waren Wandbotschaften gang und gäbe.

Graffiti – eine Erfindung der Römer

Die Toleranz gegenüber Graffiti-Schreibern war offensichtlich größer als heutzutage. Sicherlich kam auch bei römischen Eigentümern keine rechte Freude auf, wenn die Außenwände ihrer Häuser mit Kritzeleien verziert wurden. Zumal Graffiti schon im Altertum eine interaktive Textsorte waren. Will sagen: Wo einmal ein Anfang gemacht war, gesellten sich rasch weitere Botschaften dazu, mitunter sogar als Dialog mit früheren Schreibern gestaltet. Dasselbe bei öffentlichen Gebäuden – auch hier stößt man nicht selten auf Graffiti-Nester.

Regelrecht erlaubt war diese Art der Wandnutzung auch im alten Rom nicht. Aber man nahm sie offenbar lockerer als heute hin – und konnte das auch tun, weil die Graffiti viel unauffälliger waren als ihre modernen Nachfolger. Keine grell-bunten Spray-Orgien, die alles überdecken, keine mit riesigen Lettern gesprühten Sponti-Sprüche oder Polit-Slogans, keine aufdringlichen Signets selbsternannter Graffiti-Künstler. Die römischen Graffiti kommen dezent daher, in Buchstaben von oft wenigen Millimetern Höhe, unscheinbare Ritzungen in den Putz, die vielfach erst auf kurze Distanz überhaupt zu erkennen sind.

Das übliche Werkzeug zum Ritzen war der *stilus*, mit dem man sonst auf die Wachstafeln schrieb, ein spitzer Griffel aus Eisen oder Bronze, den viele stets dabei hatten. Zur Not tat es aber auch ein rostiger Nagel, ein Stück Kreide, Kohle oder ein angesengter Holzspan. Wen es drängte, der Wand etwas anzuvertrauen, der fand auch schnell ein mehr oder minder geeignetes Werkzeug. Aber, wie gesagt, das eigentliche Ritz-Instrument war der *stilus*.

Vielfach in der Alltagssprache der einfachen Leute (*sermo cottidianus*) verfasst, mit manchen Abweichungen – Lehrer würden es härter ausdrücken: Fehlern – gegenüber dem Hochlatein, sind auch Graffiti Teil der würdevollen Sprache Caesars und Ciceros, auch wenn sie wenig würdevoll daherkommen. Wie allgegenwärtig sie waren, unterstreicht gerade die Tatsache, dass der Begriff *graffito* eine sprachliche Neuschöpfung jener italienischen Archäologen des 18. Jahrhunderts ist, die bei der Ausgrabung von Pompeji auf Tausende dieser Wandkritzeleien stießen. Sie leiteten den Begriff *sgraffito* (später: *graffito*) von italienisch *sgraffiare* ab, „zerkratzen".

Wem ist, wenn er heutzutage über Graffiti spricht, schon bewusst, dass Begriff und Sache ausgerechnet auf 2000 Jahre alte lateinische Vorgänger zurückgehen? Eine ganz neue Facette am traditionellen Römer-Bild, die sich da zeigt...

Die Hauptmasse der lateinischen Graffiti stammt aus den Vesuvstädten. In der Millionenmetropole Rom sind nur wenige Hundert ans Licht gekommen, in der 20000-Einwohner-Stadt Pompeji dagegen viele Tausende. Ein nur auf den ersten Blick überraschender Befund: In Rom sind die Gebäude allmählich verfallen; das erste, das abbröckelte, war der Putz – mitsamt der in ihn geritzten Wandinschriften. In Pompeji und Herculaneum dagegen konservierte der Ascheregen alle Wände, die nicht unter der Last der meterhohen Verschüttungen zusammenbrachen. Alle Zwischenräume füllten sich mit Asche – und der Putz blieb an den Wänden. Und damit auch die Botschaften, die Müßiggänger ihnen anvertraut hatten – nicht ahnend, dass wir ihnen zwei Jahrtausende später auf die Schliche kommen sollten ...

Der eine will geliebt, der andere nicht verkauft werden ...
Zum Thema „Liebe"

Was waren das für Botschaften? Die meisten waren kurz und bündig; für ausführliche Darlegungen war die Wand auch damals nicht das richtige Medium. Ein Großteil besteht nur aus einem einzigen Wort. Darin ließ sich sagen, was dem Graffito-Schreiber – oder seltener: der Schreiberin – besonders am Herzen lag: Das eigene Ego, im Namen verdichtet. Anwesenheitsnotizen wie „Lucius" oder „Victoria" – zu ergänzen „war hier". Decius Mus war zwar nicht gesprächiger, fügte aber seiner „Unterschrift" immerhin ein ausdrucksstarkes Selbstporträt hinzu.

Sabinio hic notierte ein anderer, „Sabinio (war) hier" – und machte auf seine Anwesenheit mit einem eher naiven Hirsch-Gemälde aufmerksam. Zu einem ganzen Satz findet sich ein gewisser Paris bereit: *Paris hic fuit*, „Paris war hier", während

Pagatus zwar das Prädikat auslässt, dafür aber seine Begleiterin nennt: *Pagatus hic cum Secunda*, „Pagatus war hier zusammen mit Secunda".

Auch wenn das nicht besonders zärtlich klingt – es könnte durchaus die Qualität einer Baumritzung haben, mit der Verliebte sich heute manchmal „verewigen". Liebe jedenfalls *war* ein Graffiti-Thema, und zwar eines der beliebtesten. Da vertraut einer der Wand an, dass *Marcus Spendusa(m) amat*, „Marcus Spendusa liebt", oder *Cornelia Helena amatur ab Rufo*, „Cornelia Helena von Rufus geliebt wird". Wir stoßen auf Kosenamen, wenn *Fonticulus Pisciculo suo plurimam salutem (dicit)*, „Quellchen sein Fischchen herzlich grüßt". *Venus es, Venus*, schwärmt ein Verliebter, „du bist meine Venus, wirklich meine Venus!". Wir lesen von dem „schönen Kellner Faustinianus", der „die Mädchen um den Verstand bringt" (*puellarum delirium*), und von einem namenlosen Liebhaber, der es eilig hat, wieder zu seiner Freundin zu kommen: *propero. vale, mea Sava. fac me ames!* „Ich eile. Leb wohl, meine Sava! Sieh zu, dass du mich liebst!"

Auch ein Secundus bittet seine Prima, *ut me ames*, „mich zu lieben". Einer mag sich von Noete, seinem Augenstern (*lumen*), gar nicht trennen und verabschiedet sich mit einem dreimaligen *vale*, „leb wohl!", ein anderer grüßt seine *dulcissima amatissimaque*, seine „Süßeste und Liebste". Auch unter Verheirateten hier und da ein tiefes Gefühl ehelicher Zuneigung: Welchem Ehemann ginge nicht das Herz auf, wenn er so ein entschlossenes Bekenntnis liest – und sei es nur auf der Wand – *virum vendere nolo meom*, „ich will meinen Mann nicht verkaufen...".

Manch ein Graffiti-Schreiber wird gar, von Amor inspiriert, zum Mauer-Poeten und gibt seinem Gefühl in etwas holprigen, aber herzlichen Distichen Ausdruck: *O utinam liceat collo complexa tenere / braciolo et teneris oscula ferre labellis*, „ach, dürfte ich doch meine Arme um deinen Hals geschlungen halten / und deinen zarten Lippen Küsse geben...". Allgemeiner preist ein anderer Wand-Dichter alle, die Amors Macht als beglückend empfinden: *quisquis amat, valeat, pereat, qui nescit amare / bis tanto pereat, quisquis amare vetat.* „Wer liebt, dem gehe es wohl, zugrunde gehe, wer nicht zu lieben versteht / zweimal gehe zugrunde, wer zu lieben verbietet".

Grausame Lalage, unanständiger Tertius – Dramen, die die Wand verrät

In die glücklichen Töne erfüllter Liebe mischen sich indes auch schrille Rufe der Enttäuschung und Ernüchterung. *amantes ut apes vita(m) mellita(m) exigunt,* findet jemand, „Liebende verbringen wie Bienen ein honigsüßes Leben"; aber ein Neider fährt ihm mit einem herben *velle* in die Parade: „Wunschdenken!", „hättest du wohl gern!" Übler noch ein völlig desillusionierter Schreiber, der Venus persönlich androht, „ihr die Rippen mit Knüppeln zu brechen" und der Göttin die Lenden lahm schlagen zu wollen (*Veneri volo frangere costas fustibus et lumbos debilitare deae*). Das Negativ-Echo auf die guten Wünsche für alle Liebenden: *quisquis amat, valeat,* „jedem, der liebt, ergehe es gut!" ist ein herbes *quisquis amat, pereat,* „zum Teufel mit jedem, der liebt!" – oder auch der pragmatisch-wohlmeinende Rat an in Liebe Entflammte, „nicht auch noch heiße Bäder zu nehmen" (*quisquis amat, calidis non debet fontibus uti*).

Anderswo lesen wir von Liebesdramen, von Rivalen und unerhörter Liebe. *Successus textor amat coponiaes ancilla(m) nomine Hiredem; quae quidem illum non curat; sed ille rogat, illa comiseretur. Scribit rivalis. Vale!* „Der Weber Successus liebt die Sklavin der Schankwirtin namens Iris; aber die macht sich nichts aus ihm. Er aber bittet sie, sich seiner zu erbarmen. Das schreibt ein Rivale. Tschüss!" Successus setzt sich zur Wehr: *invidiose, quia rumperes,* setzt er der Provokation unter anderem entgegen, „Neidhammel du, weil du (vor Neid) platzt!" Aber sein Rivale kontert cool: *dixi, scripsi. Amas Hiredem, quae te non curat.* „Ich hab's gesagt, ich hab's geschrieben: Du liebst Iris, die sich nichts aus dir macht."

amamus, invidemus erkennt jemand als die Quintessenz der Liebe, „wir lieben und wir sind eifersüchtig". Dass Liebe nicht immer auf Gegenliebe stößt, zeigt ein schlichtes *Serena Isidoru(m) fastidit*, „Serena macht sich nichts aus Isidor". Ob die Angebetete ihrem Isidor das stilloserweise per Wand selbst mitgeteilt hat? Da ist es noch eher erträglich, für ein etwas anrüchiges Liebes-Angebot die Wand-Quittung zu bekommen: *Virgula Tertio suo: indecens es!*, „Virgula an ihren Tertius: Du bist unanständig!" Immerhin besteht noch Hoffnung, durch besseres Benehmen wieder bei der Geliebten „landen" zu können. Diese Hoffnung muss der Verehrer einer anderen Dame abschreiben: *crudelis Lalage, quae non amas....* Der Kontext lässt keine Wahl, als hier ein enttäuschtes *me* zu ergänzen: „Grausame Lalage, die du (mich) nicht liebst...".

Graffiti-Schreiber ohne Hemmungen ... und ein fehlender Nachttopf

Graffiti-Variationen von Liebesfreud und Liebesleid sind das eine, derb-obszöne inschriftliche Sex-Kost ist das andere. Da wird dann – nicht anders als heute – Klartext geschrieben; man könnte am Beispiel solcher Graffiti problemlos das Konjugieren des einschlägigen Verbs *futuere* einüben oder wiederholen. In älteren Lexika wird *futuere* mit „beiwohnen" angegeben – eine sehr hochsprachliche Umschreibung für einen Ausdruck aus dem Gossenjargon. Da rühmt sich jemand, „es hier zweimal getrieben zu haben" (*hic ego bis futui*), ein anderer datiert diese Aktivität auf den 14. und den 20. August, ein gewisser Iucundus rühmt sich zwar selbst als *fututor* – *-tor* bezeichnet einen gewohnheits- oder gewerbsmäßig Handelnden –, erhält aber in einem anderen Graffito eine schlechte „Kritik": *Iucundus male calat* (*male* heißt „schlecht" und *calare* ist ein anderer Ausdruck für *futuere*). Und so weiter und so fort.

Ein besonderes Thema in der deftigen Graffiti-Abteilung sind Inschriften, die sich auf Prostitution beziehen. Gewerblicher Sex war in der römischen Zivilisation weit verbreitet, ein Alltagsphänomen mit hohem Konkurrenzdruck auf die Frauen, die sich ihren Lebensunterhalt auf diese Weise verdienen mussten. Die pompejanischen Graffiti bestätigen das. Sie sind wichtige Quellen zur Soziologie der antiken Prostitution. Wir erfahren zahlreiche Namen von Dirnen – häufig viel verheißende „Künstlernamen" wie Spes, „Hoffnung", Victoria, „Siegerin", Fortunata, „Glückliche", Callidrome, „die mit dem schönen Gang" oder Culibonia, „die mit dem schönen Hintern" – und die Preise, die sie für ihre Dienstleistungen forderten. Der übliche „Tarif" lag bei zwei As. Für diesen Betrag bekam man im Lebensmittelgeschäft zwei Laibe Brot oder einen halben Liter Wein gehobener Qualität.

Ein Graffiti-Schreiber bringt seinen Abscheu vor der ganzen „verdorbenen Szene" drastisch auf den Punkt: *Sodoma Gomora*, „Sodom und Gomorrha".

Kam Wein ins Spiel, so wurden manche Kritzel-Künstler besonders aktiv, gelegentlich auch besonders originell – sowohl bei privaten Einladungen als auch in Kneipen und Herbergen. Manche Gastgeber hatten offenbar nichts dagegen, wenn ihre Gäste zu vorgerückter Stunde die Wände des Speisesaals mit Anwesenheitsnotizen oder anderen Graffiti „verzierten". Erst recht, wenn sich der Wandkommentar anerkennend las: *quisque me ad cenam vocarit, valeat*, „Wer mich zum Essen einlädt, dem soll's wohl ergehen!" Hübsch, wie ein gewisser Liberius Venustus, der seinen Namen auf die Wand gekritzelt hat, von einem anderen Gast in Biberius Venustus umgetauft wird, „Säufer Venustus".

In vino veritas – manche Wirtshaus-Graffiti dokumentieren die Neigung zur Ehrlichkeit nach reichlichem Weingenuss. Da bekennen welche, dass „wir (voll) sind wie die Schläuche" (*utres sumus*). Ein anderer Schreiber stellt lakonisch fest, dass, *si quisquis bibit, cetera turba est*, „wenn einer trinkt, ihm alles andere wurscht ist". Ob der Wirt etwas dagegen hatte, wenn seine Gäste diese „letzten" Kneipen-Wahrheiten den Wänden seines Schankraumes anvertrauten? Angesichts der allgemein liberalen Einstellung gegenüber Graffiti wohl nicht. Die Grenze der Toleranz war aber sicher überschritten, wenn das stimmte, was Witzbolde – übrigens in korrektem Metrum – an die Wand des Gästezimmers einer Kneipe geschrieben haben: *miximus in lecto, fateor: peccavimus, hospes / Si dices: quare? Nulla matella fuit.* „Wir haben ins Bett gepinkelt. Ich gestehe es, Wirt: Das war nicht in Ordnung. / Wenn du fragst: warum? – Es war kein Nachttopf da!".

„Macer, dein Hirn ist locker!" – „Freundliche" Grußbotschaften

Die Wand als Pranger – auch das hat eine lange Tradition. Man reagiert Wut und Ärger ab, indem man jemanden öffentlich beschimpft. „Freundlichkeiten" gegenüber Zeitgenossen – auch davon sind pompejanische Wände voll. Wir erfahren, dass „Sophe eine Schlampe ist" (*Sophe nequam*), Ladicula eine „Diebin" (*Ladicula fur est*) und Oppius gar als „Hanswurst, Dieb und Spitzbube gebrandmarkt wird (*Oppi, embollari, fur, furuncule!*). Stronnius hat schlicht „keine Ahnung" (*Stronnius nil scit*) und einem gewissen Macer wird bescheinigt, dass „sein Hirn locker ist" (*Macer cerebri moti*).

Gern gibt man einem ungeliebten Mitmenschen per Wand auch „fromme" Wünsche mit auf den Weg: *in cruce figaris*, „lass dich ans Kreuz schlagen!", *suspende te*, „häng dich auf!", *tumiscas*, „platze", oder ein dreifaches *aegrota, aegrota, aegrota*, „werd' krank, werd' krank, werd' krank!" Für eine individuelle Verwünschung ist es hilfreich, die Krankengeschichte seines Widersachers zu kennen: *Chie, opto tibi, ut refricent se ficus tuae, ut peius ustulentur quam ustulatae sunt*, „Chius, ich wünsch' dir, dass deine Warzen wieder aufplatzen und dass sie schlimmer brennen, als sie gebrannt haben!"

Schule wurde schon bei den Römern oft als langweilig empfunden – und war es auch. Kein Wunder, wenn die Abc-Schützen ihrem Überdruss mit Trainingseinheiten des Alphabets freien Lauf ließen (ABCDEFGH ... usw.) oder sich auch mit mühsam eingepaukten Klassiker-Versen an den Wänden revanchierten. Am häufigsten musste der berühmte erste Vers der *Aeneis* Vergils „daran glauben": *arma virumque cano, Troiae qui primus ab ore*, „die Waffen und den Mann besing' ich, der als erster von Trojas Küste...". Eine originelle Abwandlung ließ sich ein Witzbold unter den Graffiti-Schreibern einfallen: *fullones ululamque cano, non arma virumque*, „die Tuchwalker besinge ich und das Käuzchen, nicht die Waffen und den Mann...".

Die bekannteste Schul-Botschaft auf der Wand lässt mythologische Bildung erkennen. *labyrinthus* steht dort als Beischrift zu einer entsprechenden Zeichnung geschrieben – und als Erklärung *hic habitat Minotaurus*, „hier wohnt der Minotaurus".

Und die Lehrer? Kommen sie nur indirekt als Langweiler und unfreiwillige Urheber abgelenkter Schüler-Graffiti vor? Keineswegs. Aus den Tätern wurden schnell Opfer, wenn's ans Bezahlen ging. Eine staatliche Besoldung gab es nicht, Schulgeld wurde von den Eltern bezahlt – und die ließen sich gern Zeit damit. Daher das verständliche Versprechen eines von schlechter Zahlungsmoral geplagten „Paukers": *qui mihi docendi dederit mercedem, (h)abeat quod petit a superis*, „wer mir den Lohn für mein Lehren gibt, soll haben, was er von den Göttern erbittet".

Originelles und weniger Originelles – aber alles in Kursivschrift

Was gibt's sonst an Neuigkeiten? Ein Blick auf die Wände gibt – wenn auch nicht erschöpfend – Auskunft: Da listet jemand auf, dass er u. a. „Brot für 2 As, Fleisch für 3 As ..., Käse für 1½ As und Wein für 1½ As" gekauft habe (*panem assibus II, pulmentarium assibus III..., casium asse semis, vinum asse semis*).

Auch andere veröffentlichen ihre Einkaufszettel per Graffito. Ein Anonymus hat „am 19. April Brot gebacken" (*XIII Kalendas Maias panem feci*), ein anderer hat „am 16. Oktober Oliven eingelegt" (*oliva condita XVII Kalendas Novembres*). Ein Glückspilz hat in der Nachbarstadt Nuceria beim Würfelspiel 855 ½ Sesterze gewonnen, und zwar „mit gutem Gewissen" (*vici Nuceriae in alia DCCCLV s fide bona*), ein Pechvogel teilt mit, „dass mich Schnupfen quält" (*pituita me tenet*).

Unschön zu lesen, dass *Secundus hic cacat*, „Secundus hier kackt", oder dass jemand ankündigt: *veniam cacatum*, „(hierhin) kommen zu wollen, um zu kacken". Erwägenswert, ja geradezu zukunftsweisend dagegen der Vorschlag, man „sollte unsere Gemeindekasse aufteilen, denn unsere Gemeindekasse hat 'ne Menge Geld" (*communem nummum dividendum censio est, nam noster nummus magna(m) habet pecuniam*).

Das Facsimile dieses Graffito zeigt, dass es einiger Übung bedarf, um Wandbotschaften zu entziffern. Die meisten sind nämlich in einer Kursivschrift geschrieben, die die Römer im Alltag verwendeten, die aber für unsere an schöne klare Inschrift-Lettern gewöhnten Augen auf den ersten Blick rätselhaft erscheinen. Mit ein bisschen Training lassen sich indes auch Graffiti lesen – es sei denn, eine sehr persönliche Sauklaue stünde dem im Wege... Ein Wort noch zur Grammatik: Das End-*m* bei Formen im Akkusativ Singular fehlt häufig. Der Grund dafür: Es wurde nasaliert gesprochen, also nur angedeutet. Eben deswegen wird es in der Metrik mit einem folgenden Vokal verschliffen: End-*m* wird konsequenter Weise wie ein vokalischer Ausgang behandelt. Graffito-Schreiber schrieben sozusagen nach Gehör ...

Vom „Mädchenschwarm" zum Arena-Helden – Gladiatoren-Graffiti in Wort und Bild

Bleiben als letzte Graffiti-Gruppe jene uns heute ziemlich irritierenden Statistiken von Gladiatoren-Fans, die über den Ausgang der Kämpfe ihrer Lieblingsfechter und die Zahl der von ihnen errungenen „Kränze" öffentlich Buch führten. Gladiatorenkämpfe waren ausgesprochen populär. Als Stand waren die Helden der Arena zwar so verachtet, dass *gladiator!* in der bürgerlichen Welt als Schimpfwort galt („Bandit!"). *Einzelne* Gladiatoren aber wurden wie heutige Pop-Stars und Größen des Showbusiness verehrt. Sie hatten eigene Fangemeinden – und auch zahlreiche weibliche Verehrerinnen.

Diese Fans meldeten sich auch per Graffito zu Wort. So wird der „Thraker" – eine bestimmte Gladiatorengattung – Celadus als *puellarum decus* umschwärmt, als „Zierde der Mädchen", oder auch als *suspirium puellarum*, „Mädchenschwarm". Der Netzkämpfer Crescens genießt Kultstatus als *puparum dominus*, „Herr der Puppen", oder gar als *puparum nocturnarum matutinarum aliarum ... medicus*, „Arzt der Nacht-, Morgen- und anderer Puppen".

Marcus Attilius ist ein Neuling in der Arena, aber ein sehr erfolgreicher. In seinem ersten Kampf siegt er, wie uns ein Gladiatoren-Graffito zeigt, über den erfahrenen Lucius Raecius, der schon zwölf Kämpfe hinter sich hat. Raecius hat seinen Helm verloren, er kniet nieder, um gegebenenfalls den tödlichen Streich zu empfangen. Aber er hat Glück. Die Beischrift *m* steht für *missus*; er wurde vom Publikum begnadigt.

Ein schlimmeres Schicksal ereilt den Freigelassenen Aptonetus. Auch er unterliegt einem Neuling. Das *p* für *periit* („gestorben") zeigt indes, dass er nicht mit dem Leben davongekommen ist.

Ein „üppiges" Gladiatoren-Graffito zeigt uns die beiden Kämpfer umrahmt von Horn- und Tuba-Bläsern, die den Kampf auf Leben und Tod offenbar musikalisch begleiten. Die Statistik nimmt auf einen weiteren Gladiator Bezug. Eine „Hitliste" anderer Art überliefert ein anderes gekritzeltes „Wandbild": Es macht uns mit Veteranen des Amphitheaters bekannt, die erstaunlich viele Siege errungen und Dutzende von Kämpfen überlebt haben .

Nur ein kleiner Teil der Graffiti ist so aussagekräftig und kulturhistorisch wertvoll wie die Text-Bild-Graffiti zu Gladiatoren. Viele sind nicht mehr als das, was ein einsichtiger Schreiber auf die Mauer kritzelt: *nugae, nugae*, „Spielereien, Quatsch".

Wie schön, dass uns aber auch dieser spielerische Quatsch überliefert ist! Deshalb stimmen wir ausdrücklich nicht in die Klage jenes Graffiti-Kritikers mit ein, dem das „ganze Zeug" an den Wänden allmählich zuviel wurde und der sich bei der „leidenden" Wand augenzwinkernd darüber beschwert – per Graffito, versteht sich:

admiror, paries, te non cecidisse ruina, / qui tot scriptorum taedia sustineas.

„Ich wundere mich, Wand, dass du noch nicht zusammengestürzt bist, / die du doch das blöde Zeug so vieler Schreiber aushalten musst!"

8. Kleines Ausreden-Latinum – Mit „geflügeltem" Sprichwort-Latein durch den Alltag

Lateinische Sentenzen, Sprichwörter, Redensarten – ihre Zahl ist Legion. Wer kennt ihn nicht, Caesars legendären Ausspruch *veni, vidi, vici* („ich kam, sah und siegte")? Oder das kaum minder bekannte *variatio delectat*, „Abwechslung erfreut"? Oder die berühmte Benediktiner-Regel *ora et labora*, „bete und arbeite"?

Auf dem deutschen Buchmarkt tummelt sich rund ein Dutzend Sammlungen solcher lateinischer Weisheiten. Und es hat den Anschein, dass er auch noch für weitere dieser Florilegien („Blüten-lesen"; *flos* + *legere*) aufnahmefähig ist. Eine der schon gedruckten heißt sogar „Latein für Angeber" – und spielt darauf an, dass man bei runden Geburtstagen, Konfirmationen, Firmenjubiläen und anderen feierlichen Anlässen mit einem schönen klassischen Latein-Zitat als Ausweis solider Bildung gut punkten kann. Latein adelt festliche Versammlungen und festliche Ansprachen – das ist allgemein anerkannt. Und auch diejenigen zeigen sich beeindruckt, die das römisch geflügelte Festwort nicht verstehen, und nicken dem Redner wohlwollend zu – vorausgesetzt, er übertreibt es nicht. Man muss auch gar nicht selbst Latein können, um den Höhepunkt seiner Ansprache mit einem lateinischen Zitat zu schmücken. Es wird schon gut gehen: *fortes fortuna adiuvat*, „das Glück steht den Mutigen bei".

Wir wollen im Folgenden einmal anders vorgehen, indem wir lateinische Sentenzen auf ihre Alltags-Tauglichkeit hin prüfen. Wir gehen von ganz normalen Situationen aus – allerdings von solchen, in denen es uns nicht ganz so gut geht, weil wir unter Rechtfertigungszwang stehen – oder uns zumindest so fühlen. Edle lateinische Weisheiten in die Niederungen banaler Alltagswelt gezerrt? Da wird manch einer die Augenbrauen hochziehen. Ihm halten wir keck eine klassische Totschlag-Sentenz entgegen: *de gustibus non est disputandum*, „über Geschmack lässt sich nicht streiten".

Fall 1: Hausaufgabe nicht gemacht

Schule und Hausaufgaben – ein endloses Thema. Für viele auch ein freudloses. Da kommt es schon mal vor, dass der Wille des Lehrers ein anderer ist als der eigene, und das in unterschiedlichen Varianten: Hausaufgabe gar nicht gemacht, vergessen oder absichtlich, Hausaufgabe zu Hause liegen gelassen, Hausaufgabe nur halb gemacht, Hausaufgabe schwer fehlerhaft gemacht, Hausaufgabe abgeschrieben und aufgefallen, Hausaufgabe schlampig gemacht und so weiter und so fort. Oder besser, weil lateinisch nobler: *et cetera* („und das Übrige") ...

Wie tröstlich, dass es da lateinische Sprüche gibt, mit denen man sich entschuldigen, rausreden oder jedenfalls den Lehrer ein bisschen um den Finger wickeln kann, weil man wenigstens Bildung zeigt – vielleicht sogar die bei ihm selbst genossene.

Wer es ganz dramatisch machen will, spricht von einem persönlichen *dies ater*, einem schwarzen Tag, den er da gehabt habe. Das lässt offen, ob man nicht zu den Hausaufgaben gekommen ist, weil es ein so rabenschwarzer Tag war, oder ob der Tag im Nachhinein ein *dies ater* war, *weil* man die Hausaufgabe jetzt nicht hat. Sehr dramatisch auch, gleichzeitig geeignet, die Schuld seufzend auf eine höhere Instanz abzuladen: *dis aliter visum*, „die Götter haben es anders beschlossen". Was also kann ich dafür?

Sehr allgemein und hübsch hochgehängt der Appell an die menschliche Fehlbarkeit in uns allen: *nemo nostrum non peccat; homines sumus, non dii*, „keiner von uns ist ohne Fehler; wir sind Menschen, keine Götter!"

„Zu groß für unsere Kräfte war diese Last…"

Die selbstanklägerische Version, die den Lehrer zur Milde stimmen sollte, verdanken wir Ovid: *video meliora proboque, deteriora sequor*. „Ich sehe das Bessere und finde es gut, folge aber dem Schlechteren". Konkret: Natürlich sind Hausaufgaben ganz, ganz wichtig, und das sehe ich auch voll ein – aber das Wetter war so schön, das Computerspiel so spannend, die Freundin so verführerisch… Alles ganz klar schlechtere Dinge als die Hausaufgabe, aber du weißt schon: *homines sumus, non dii…*

Knapper, aber ebenfalls auf die eigene Einsicht als Fundament für Gnade setzend ein bescheiden gehauchtes *ignosce fatenti*, „verzeih dem Geständigen!" Da *fatenti* auch Dativ Femininum ist, spricht nichts gegen die Nutzung des Spruchs auch durch Mädchen, vielleicht noch begleitet von einem schuldbewussten Augenaufschlag…

Du willst auf Nicht-Können plädieren? Der gute Wille war ja da, aber… Kein Problem! Das Lateinische versorgt dich auch da mit überzeugenden Ausreden. Sehr edel, zieht aber nur bei wirklich schweren Aufgaben, ein *in magnis et voluisse sat est*, „bei großen Dingen reicht es auch schon, den Willen gehabt zu haben…". Und wenn die Gegenseite auf andere hinweist, die es ebenfalls gewollt, aber auch geschafft hätten? Dann heißt der klassische Konter: *non omnia possumus omnes*, „wir alle können nicht alles". Das hört sich allerdings für manche Ohren etwas patzig an. Die bescheidenere und demütigere Alternative wäre ein ovidisches *maius erat nostris viribus istud opus*, „zu groß war für unsere Kräfte diese Last".

Die nächste klassische Ausrede liegt im Prinzip auf gleicher Linie, setzt aber stärker auf Angriff: Sie fordert die Anerkennung durch die andere Seite ein: *ut desint vires, tamen est laudanda voluntas*, „mögen auch die Kräfte fehlen, so ist aber doch der Wille zu loben". Vielleicht ist die Charme-Offensive der Ausweg, um weiterem Stress zu entgehen? Da böte sich im Zusammenwirken mit einem demutsvollen Blick ein horazisch-mildes *deme supercilio nubem* an, „nimm die Wolke von deiner Augenbraue!"

Mit Seneca in die Entschuldigungs-Offensive

Das ist indes ein reiner Appell an die Gnade ohne den doppelten Boden einer argumentativen Rückendeckung – seine Erfolgschancen sind ungewiss. Wem es trotzig zumute und die ganze Entschuldigungslitanei verhasst ist, der mag sich freimütig zu seiner Tat bekennen und den dadurch erzielten Erkenntnis-Mehrwert betonen: *amicus esse mihi coepi*, „ich habe angefangen, mir selbst Freund zu sein". Und das immerhin unter Berufung auf den Pflichten-Philosophen Seneca!

Die härteste Variante im Plädoyer für Nicht-Können liefert eine lateinische Rechtsregel: *impossibilium nulla obligatio est*, „es besteht keine Verpflichtung zu Unmöglichem". Aber Vorsicht! Das ist eine gefährliche Option, denn sie greift im Grunde den Hausaufgaben-Steller an: Er hätte wissen müssen, dass das nicht zu leisten war ...

Und wie reagierst du, wenn du beim Abschreiben der Hausaufgabe aufgeflogen bist? Die offensive Tour nimmt Zuflucht zu einem trotzigen *mundus vult decipi*, „die Welt will betrogen sein", die vorsichtigere versucht, sich auf anteilig gemachte Hausaufgaben rauszureden, die man nur noch „ergänzt" habe. Denn bei aller Einsicht in das Unabwendbare habest du dich irgendwann – nach ein, zwei oder gar drei Stunden angestrengtester Arbeit – in die berühmte Erkenntnis eines Horaz gefügt, dass *est modus in rebus, sunt certi denique fines*, „es gibt ein Maß in den Dingen, es gibt schließlich bestimmte Grenzen". Und als die überschritten waren, seist du notgedrungen auf den Ergänzungsweg via Klassenkamerad gekommen.

Hast du nur einen Teil der Hausaufgabe abgeschrieben, den Rest aber selbst zu Hause erledigt, könnte dir eine beherzte Berufung auf das *multum, non multa*-Prinzip den Kopf aus der Schlinge ziehen: „vieles, nicht vielerlei!" Will sagen: Du hast einen Teil ganz gründlich gemacht – „vieles" –, also in Qualität investiert, aber dich als überzeugten Gegner bloßer Quantitätsorientierung nicht in vielen unterschiedlichen Aufgaben – „vielerlei" – verzetteln wollen. Fragt sich nur, ob das den Auftraggeber der Quantität besonders überzeugt...

Fall 2: Bei McDonald's erwischt

Der erste Schritt zur Aufwertung der vom Volksmund manchmal als Fleischklöpse-Braterei verspotteten Gastronomie ist die Latinisierung des Werbeslogans: *Du* sprichst nicht von dem „etwas anderen Restaurant", sondern nennst es ein „Restaurant *sui generis*", „von eigener Art". Und betonst, dass *du* dich nicht von Vorurteilen leiten lässt, sondern dir ein unabhängiges eigenes Urteil bilden willst. Für dich ist McDonald's eine *terra incognita*, „unerforschtes Land"; du möchtest dem *genius loci*, dem „Geist des Ortes", ungezwungen und unbelastet begegnen. Eine faire Erkundung muss *sine ira et studio* vor sich gehen, „ohne Zorn und Eifer". So sollten Geschichtsschreiber an die Dinge herangehen – objektiv, ohne persönlich-emotionale Beteiligung. Das berühmte Wort stammt von dem römischen Historiker Tacitus (dem man allerdings nicht bescheinigen kann, dass er sich selbst daran gehalten hätte...).

Empfindest du es als peinlich, bei McDonald's erwischt zu werden? Die objektive Ausrede-Tour lässt sich auch so verfolgen: Wo steht eigentlich geschrieben, dass McDonald's etwas

Peinliches anhaftet? Man hört doch sehr unterschiedliche Meinungen: *quot homines, tot sententiae,* „so viele Meinungen, wie es Menschen gibt". Entschieden ist deshalb noch gar nichts über die Qualität dieses Restaurants *sui generis: adhuc sub iudice lis est,* „noch ist der Streitfall vor dem Richter".

Und ist es nicht auch reichlich unfair, dass die McDonald's-Gegner die öffentliche Meinung so stark zu beeinflussen trachten? Wo bleibt denn da der gute alte römische Rechtsgrundsatz des *audiatur et altera pars,* „auch die andere Seite soll gehört werden"? Wobei du die eigene geschmackliche Expertise dem bloßen Zuhören vorziehst. Vielleicht spielst du mit deiner Haltung, dich zunächst einmal auf McDonald's einzulassen, nur den *advocatus diaboli,* den „Anwalt des Teufels"? So nennt man in der katholischen Kirche den gewissermaßen amtlich bestellten Gegen-Anwalt bei Heiligsprechungsverfahren. Er muss *ex officio,* „von Amts wegen", nicht weil er persönlich davon überzeugt wäre, mögliche Bedenken und Gegenargumente vortragen.

multa docet fames – „Vieles lehrt der Hunger…"

Eine andere Entlastungsstrategie setzt auf ein elementares Bedürfnis namens Hunger. Ja klar, die Einkehr sei eine *ultima ratio* gewesen, gibst du zu, „die letzte Möglichkeit", „das äußerste Mittel". *necessitati est parendum,* kannst du verstärkend hinzufügen, „der Notwendigkeit oder Notlage muss man gehorchen". Und was die konkrete Notlage angeht, berufst du dich auf Senecas berühmtes Wort *multa docet fames,* „vieles lehrt der Hunger".

Ein bisschen anders hat er es wohl gemeint – nämlich nicht ganz so konkret –, aber das tut nichts zur Sache. Wer Sentenzen einsetzt, hat das Vorrecht ihrer Deutungshoheit. Für den Feinschmecker gilt ein weiteres Notlagen-Argument: *cibi condimentum fames est,* „der Hunger ist die Würze der Speise". Klingt doch erheblich kultivierter als das deutsche „der Hunger zwingt's hinein"…

Und überhaupt: Muss man in Zeiten der Wirtschafts- und

Finanzkrise sein Geld beim Edelitaliener oder bei anderen lukullischen Nobeladressen verplempern? Ist dieser Trend zu „High-Cul" (*culina* ist lateinisch die „Küche") nicht sogar allzu abgehoben und exquisit, ja geradezu unnatürlich? Und schon kommt eine lateinische Weisheit des Weges, die ja durchaus in der Alltagserfahrung wurzelt: *natura est paucis contenta*, „die Natur ist mit Wenigem zufrieden". Ganz auf der Linie des Epikureers Horaz, der für Maßhalten, Bescheidenheit und den „goldenen Mittelweg" – die *aurea mediocritas* – plädiert: *vivitur parvo bene*, „mit Wenigem lebt es sich gut".

Oder scheint dir ein Hinweis auf den Zeitgeist angebrachter? Du bringst zum Ausdruck, dass McDonald's zu einer neuen Zeit, einer Moderne gehört, der du dich nicht verschließen kannst und willst. *tempora mutantur*, sagst du forsch oder auch mit resignativem Grundton, *et nos mutamur in illis*, „die Zeiten ändern sich, und wir ändern uns mit ihnen". Denn schließlich möchtest du ja nicht in den Ruf eines verklärenden *laudator temporis acti* kommen, eines „Lobredners vergangener Zeiten".

Herdentrieb zum lukullischen Hades?

Oder du verweist mit einem allerdings recht gewagten *omnes eodem cogimur* auf den allgemeinen Gruppendruck und das immer dichter geknüpfte Filialnetz von McDonald's, „wir alle werden zum selben Ort getrieben". Warum gewagt? Weil Horaz damit eigentlich den Hades meint, sprich den Tod – und mit der todbringenden Unterwelt würden ja wohl selbst die schärfsten McDonald's-Kritiker die Buletten-Tempel nicht vergleichen wollen. Oder doch?

Die kecke Variante ist die Na-und?-Position, die sich gleichwohl nicht ganz vom schlechten Gewissen verabschiedet. Du gibst zu, dass der Besuch dort an Wahnsinn grenzt, kokettierst aber gleichzeitig damit: *cum insanientibus furere necesse est*, greifst du auf das Gruppendruck-Argument zurück, „mit Verrückten muss man wahnsinnig sein". Oder, noch offensiver: *dulce mihi furere est*, „es ist mir eine Wonne zu rasen", bzw.

etwas eingeschränkter, aber nicht minder offen: *aliquando et insanire iucundum est*, „manchmal ist es auch angenehm, von Sinnen zu sein". Autoritäten für diese Bekenntnisse zum zeitweiligen „Ausflippen" sind immerhin Horaz und Seneca.

Ob diese lateinischen Ausrede-Weisheiten einen erbitterten McDonald's-Gegner wirklich überzeugen? Vielleicht nicht, aber sie werden ihm zumindest Respekt abnötigen und ihn verstummen lassen. Insgeheim indes mag er sich über deine Legitimations-Akrobatik doch ziemlich wundern und angesichts deines mit edlem Sprichwortgut übertünchten schlechten Gewissens denken: *in medio luto est*, „der ist mitten im Dreck": Oder, drastisch formuliert: „Der steckt tief in der …".

Das letzte Wort schreiben wir nicht hin. Denn was haben wir ja von Horaz gelernt? Richtig: *est modus in rebus*, „es gibt ein Maß in den Dingen". Und das gilt auch in sprachlicher Hinsicht.

Fall 3: Unter Druck als Investmentbanker

Lange Zeit über waren sie die Stars auf den Börsenparketts der ganzen Welt; seit Ausbruch der Finanzkrise ist ihr Stern in dramatischer Weise gesunken, ebenso ihr Ansehen in der Öffentlichkeit – und mit einiger Verspätung auch ihre Boni. Das kommt übrigens von lateinisch *bonus*, „gut", und sollte eigentlich eine Gutschrift auf *gute* Leistungen sein. Wir sprechen – natürlich – von Investmentbankern, die nicht zuletzt durch „Blasenprodukte" zur weitweiten Rezession beigetragen haben. *sic transit gloria mundi*, ist man angesichts des Absturzes dieser Profession in der öffentlichen Wertschätzung zu kommentieren geneigt, „so vergeht der Ruhm der Welt".

Auch wenn diese Spezies (*species*, „Art") nicht gerade als Förderer der Alten Sprachen oder überhaupt der Kulturwissenschaften aufgefallen ist – wir sind weder rachsüchtig noch kleinlich, sondern helfen ihnen im Gegenteil gern mit sentenziösem Material aus unserem noblen lateinischen Ausreden-Potential aus.

Zunächst einmal dreschen wir gemeinsam mit allen, die Geld haben, auf den gierigen Staat ein, der uns, kriminell wie er nun einmal ist, ständig in die Taschen zu greifen versucht: *fiscus non erubescit*, „der Fiskus errötet nicht". Denn seit den Tagen Kaiser Vespasians, der eine Steuer auf kommerziell genutzten Urin erfand, heißt es ja *(pecunia) non olet*, „Geld stinkt nicht".

Also war das, was die Finanzmarkt-Jongleure inszenierten, nichts als Notwehr. Denn eines weiß man ja: *ex nihilo nihil*, „von nichts (kommt) nichts". Man muss sich kreativ etwas einfallen lassen. Die Kunden wollen es nicht anders: *qui multum habet, plus cupit*, „wer viel hat, will mehr". So sind sie eben, die Menschen, was sich lateinisch deutlich edler anhört: *ea est natura hominum*, „das ist die Natur der Menschen". Und damit das auch klar ist: *insatiabilis est humanus animus*, wusste schon der römische Historiker Livius, „unersättlich ist der Menschen Geist".

fortuna favet fatuis – Zur Psychologie der Blasenbildung

Das haben wir, die Investmentbanker, einfach nur in Rechnung gestellt und haben entsprechende Finanzprodukte kreiert. Musste man die alle verstehen? Überhaupt nicht, wie uns schon die Römer gelehrt haben. Die wussten: *libenter homines id, quod volunt, credunt*, „gern glauben die Menschen das, was sie wollen" – und unsereiner hat sich dann zusätzlich auf die schöne Maxime verlassen *nec scire fas est omnia*, „es ist auch nicht recht, alles zu wissen".

Na gut, kann sein, dass Horaz das etwas anders gemeint hat. Aber ist es *unsere* Aufgabe, dem im Einzelnen nachzugehen? Eher gilt doch das schöne Motto *audentes fortuna adiuvat*, „das Glück hilft den Wagemutigen". Danach haben wir alle gehandelt, Anbieter und Angebots-Nutzer. Und was die Provisionen angeht, haben wir uns gut lateinisch mit den meisten Vorstandmitgliedern gedacht: *qui timide rogat, docet negare*, „wer ängstlich bittet, lehrt (die Gegenseite), Nein zu sagen".

Jetzt wissen es alle besser, jetzt rufen sie nach der Vernunft. Dabei galt doch gerade das Gegenteil als mutiges Prinzip der ganzen Spekulation: *hoc volo, sic iubeo, sit pro ratione voluntas*, „das will ich, so befehle ich, der Wille soll an die Stelle der Vernunft treten". Klar, dass manch einer schon früher geraunt hat: *nescis, quid vesper serus vehat*, „du weißt nicht, was der späte Abend bringt", aber dem stand doch ein riesiger Anleger-Markt gegenüber, den schon Cicero ganz klassisch beschrieben hat: *stultorum plena sunt omnia*, „alles ist voll von Dummköpfen". Und schließlich konnte man sich lange genug auf das Sprichwort verlassen *fortuna favet fatuis*, „das Glück ist den Einfältigen gewogen".

Jetzt ist es halt anders gekommen. Was jeder hätte wissen können, der seinen Horaz *intus* („drinnen") hat: *nihil est ab omni parte beatum*, „nichts ist in jeder Hinsicht glücklich". Manche Rendite-Erwartung muss man jetzt eben ein bisschen verschieben, *ad Kalendas Graecas* zum Beispiel, „auf die griechischen Kalenden". Da die Griechen die Kalenden als ersten Tag eines Monats nicht kannten, heißt das zwar im Klartext „bis zum St. Nimmerleins-Tag". Aber es hört sich lateinisch doch viel netter an und macht die Leute nicht so unzufrieden. Im Übrigen nehmen auch wir Investmentbanker die EHE-Klausel für uns in Anspruch: *errare humanum est*, „Irren ist menschlich".

di meliora! – Lateinische Hoffnungsinstanzen

Man muss sich auch schon mal damit abfinden können, dass man Pech gehabt hat: *factum est illud, fieri infectum non potest*, „es ist geschehen, man kann das Geschehene nicht ungeschehen machen". Wer das für zynisch hält, lese die passende Antwort darauf bei dem großen Rhetoriker Quintilian: *damnant, quod non intellegunt*, „sie verurteilen, was sie nicht verstehen". Gut, der meint es etwas anders: „Die meisten kritisieren, was sie nicht verstehen"; will sagen: Sie lassen sich auf Unbekanntes, Unerprobtes zu wenig ein. Aber die Finanzkrise verlangt von uns allen Zugeständnisse.

Und schaut euch doch mal an, wer sich da alles auf dem kreativen Finanzmarkt getummelt hat! Da darf der Einzelne von uns ja wohl ein bisschen mehr Verständnis erwarten. Hat doch schon der Kirchenvater Tertullian erkannt, dass *bonos corrumpunt mores congressus mali*, „schlechter Umgang den guten Charakter verdirbt".

Aber warum in der Vergangenheit wühlen? Viel wichtiger ist es doch, den Blick nach vorn zu richten. *dum spiro, spero*, sagt der Lateiner, „solange ich atme, hoffe ich" – was ja nun wirklich intelligenter und erträglicher ist als die mittlerweile inflationär zu Tode traktierte Binsenweisheit, dass „die Hoffnung zuletzt stirbt". Und wenn das nicht reicht? Dann gibt es ja noch eine Instanz, zu der die alten Römer sprichwörtlich gern Zuflucht genommen haben: *di bene vortant*, pflegten sie zu beten, „die Götter mögen es zum Guten wenden!" Oder, noch einen Tick optimistischer: *di meliora!* „Die Götter (mögen es) zum Besseren (wenden)!"

Hübsch vorgetragen, liebe Investmentbanker! Aber wir sind mittlerweile klüger geworden. Und halten es mit Terenz: *ego spem pretio non emo*, „ich kaufe Hoffnung nicht für Geld!" Oder wir stöhnen, durch die Ereignisse eines Schlechteren belehrt, gemeinsam mit Cicero auf: *o fallacem hominum spem!* „Wie trügerisch ist die Hoffnung der Menschen!" Und was die Vergangenheit auf den Finanzmärkten angeht, halten wir es lieber mit einem Grundsatz des römischen Rechts: *non omne, quod licet, honestum est*, „nicht alles, was erlaubt ist, ist auch ehrenhaft".

Was schließlich euch, ihr Verursacher, Verharmloser und Ausreden-Akrobaten der Finanzkrise betrifft, sind wir Betroffenen und Geschädigten uns, wenn wir eure Rechtfertigungs-Litaneien anhören, ganz einig und fragen nur noch: *risum teneatis, amici?* „Könnt ihr das Lachen zurückhalten, Freunde?"

Fall 4: Einen über den Durst getrunken

Ein Schlückchen in Ehren kann keiner verwehren. Einverstanden. Da reicht deutsches Sprichwortgut aus, um den maßvollen Umgang mit Alkohol zu rechtfertigen. Das Lateinische springt mit einer Reihe von Sentenzen bei, wenn es um das Maßhalten geht. *modus adhibendus est,* „Maßhalten tut Not", findet Cornelius Nepos, und Cicero pflichtet ihm bei mit der Erkenntnis *in plerisque rebus mediocritas optima est,* „in den meisten Dingen ist der Mittelweg am besten".

Zumindest der große römische Redner lässt sich und uns allerdings ein Hintertürchen: *in plerisque rebus,* schränkt er ein, „in den *meisten* Dingen". Was aber ist, wenn man das Maß mal um ein paar Gläser verfehlt hat und sich beschwipst mit einem rebellierenden Gewissen herumschlagen oder, was realistischer ist, sich gegen abschätzige Blicke oder gar indignierte Bemerkungen anderer zur Wehr setzen muss? Keine Sorge! Das Lateinische lässt uns nicht im Stich. Es kommt uns mit einer Reihe sentenziöser Einsichten und einleuchtender Erklärungen zu Hilfe.

Stimmt es etwa nicht, dass *vinum laetificat cor hominis,* „Wein des Menschen Herz erfreut"? Das jedenfalls empfindet schon der Psalmist des Alten Testaments, und die lateinische Version hat den Gedanken populär gemacht. Stimmt es ferner nicht, dass gerade der Lyriker Horaz, im Allgemeinen ein entschiedener Verfechter des Maßes, uns für bestimmte Gelegenheiten einen kleinen Wein-Freibrief erteilt? *nunc est bibendum!,* „jetzt muss man trinken!", jubelt er nach der Niederlage Kleopatras – und er meint keineswegs Wasser. Demselben Dichter verdanken wir auch die sprichwörtliche Huldigung an Bacchus als Sorgenlöser: *nunc vino pellite curas!* „Jetzt vertreibt die Sorgen mit Wein!" Kein Geringerer als Ovid sekundiert seinem Dichterkollegen mit dem nicht minder bekannten *cura fugit multo diluiturque mero,* „die Sorge flieht und löst sich in reichlichem Wein auf".

in vino veritas – Mit Wein zur Erkenntnis

Eine Feststellung mit Aufforderungscharakter, die in der berühmten *ars amatoria* („Liebeskunst") steht. Dort stoßen wir auch auf eine erotische Nutzanwendung nicht allzu verhaltenen Weingenusses: *vina parant animos*, „Wein macht das Herz bereit". Und schließlich macht uns der Wein auch ehrlicher, als wir es sonst sind: *in vino veritas*, „im Wein (liegt) Wahrheit", weiß der Römer (der natürlich auch die weniger angenehmen Seiten allzu offener Redseligkeit kennt). Dass man, vom Wein inspiriert, so manches klarer und schärfer sieht – wer wollte das bestreiten? Eine Bewusstseinserweiterung, auf die – zugegeben: etwas gewagt – vielleicht sogar der Lobpreis des nicht nur oberflächlich Wissenden zutrifft: *felix, qui potuit rerum cognoscere causas*, „glücklich, wer die Urgründe der Welt erkennen vermochte!" Ursprünglich bezieht sich dieses Vergil-Wort auf Lukrez, den genialen Vermittler der epikureischen Philosophie in lateinischer Sprache. Schon lange aber hat es als allgemeine Belohnung für Erforschen und genaues Hinsehen Sprichwort-Karriere gemacht – bis hin zum Berliner „Tagesspiegel", bei dem es tagtäglich als (leicht verkürztes) Motto auf der Titelseite prangt.

Die gesellige Kraft des Weines – und da meinten sie auch nicht nur ein Schlückchen – wussten schon die Griechen zu schätzen. Cicero hat das ungeschriebene Gesetz griechischer Gastmähler einprägsam auf den Punkt gebracht: *aut bibat aut abeat*, „er trinke oder gehe weg!"

Man ist also schon ganz gut mit lateinischen Sprichwörtern gegen deutsche Trink-Nörgler gewappnet. Hier noch ein bisschen gnomische Aufrüstung für Sonderfälle. Für jugendlichen Übermut gilt ganz allgemein: *iuvenile vitium est regere non posse impetum*, „es ist typischer Fehler der Jugend, ihr Ungestüm nicht bändigen zu können". Die Einsicht, dass man ein wenig zu tief ins Glas geschaut hat, lässt sich entschuldigend verbinden mit einer allgemeinen Erfahrung: *nemo nascitur sa-*

piens, sed fit, „niemand kommt als Weiser auf die Welt, sondern er wird erst dazu". Bevor ein anderer es mit drohendem Unterton sagt, weist man lieber selbst auf den Ausnahmecharakter weinseliger Partylaune hin: *non semper Saturnalia erunt*, „die Saturnalien werden nicht ewig dauern!", sagten die Römer und meinten, dass auch der Karneval irgendwann zu Ende sei ...

Mit Wein zu Latein ...

Und wenn man an jene unangenehme Spezies von Besserwissern und Ständigwarnern gerät, die ihren hoch erhobenen Zeigefinger gar nicht mehr in die Waagerechte bekommen? Dann muss man mit denen auch schon mal Klartext sprechen. Jetzt reden wir mal Deutsch, sagen wir, wenn es um ein deutliches, offenes Wort geht – und auch die Römer sprachen tatsächlich vom *Latine loqui*, „Lateinisch reden", in demselben Sinn. Dann verbietet man sich die bekannten Mahnungen mit einem ungeschminkten *cantilenam eandem canis*, „du singst die gleiche Leier", oder weist die Schlechte-Laune-Macher mit einem unwirschen *crambe repetita* ab, „aufgewärmter Kohl!"

Hat der Schwips-Kritiker selbst etwas auf dem Kerbholz, kann man zu einem – allerdings groben – *non sus Minervam!* greifen, „die Sau soll Minerva nicht (belehren)!", oder auch, wenn das Kerbholz in der Vergangenheit mal ein alkoholisches war, mit einem sarkastischen *magni fures parvum ducunt*, „die großen Diebe führen den kleinen ab".

Und wie überzeugt man den gestrengen Lateinlehrer, der seinen Schülern auf einer Studienreise nach Rom Vorhaltungen wegen ein, zwei Gläsern römischen Weines macht? Nichts leichter als das. Man ruft ihm eine mittelalterliche Sentenz in Erinnerung, die er vielleicht noch aus der Zeit kennt, da auch er jung war: *quando bibo vinum, loquitur mea lingua Latinum*; „wenn ich Wein trinke, spricht meine Zunge Latein!" Da wird er baff sein – oder eine lateinische Konversation beginnen. Bacchus, hilf!

Fall 5: Zu spät gekommen

Jeder kennt das: Die Straßenbahn fährt einem vor der Nase weg, eine rote Welle bei Ampeln wirft den knappen Zeitplan über den Haufen, man verlässt sich auf die Deutsche Bahn – und ist verlassen, der Wecker klingelt nicht (wie sollte er, da ihn keiner gestellt hat …?), ein wichtiges Telefonat kommt einem dazwischen. Die peinliche Folge: Man kommt zu spät. Zu spät zum Arbeitsplatz, zu spät zur Schule, zu spät zum Rendezvous, zu spät zum Flughafen.

Das letztere musst du mit dir selbst ausmachen. In den anderen Fällen stehst du unter Erklärungszwang. Der Chef besteht auf einer Antwort, der Lehrer, der Freund/die Freundin. Natürlich kann man, sollte man die Wahrheit sagen. Aber nicht immer ist das tunlich, und selbst wenn, federt ein passender Spruch aus dem Schatzkästlein lateinischer Sentenzen die unangenehme Situation doch etwas ab. Solltest du nicht bei der Wahrheit bleiben, gilt allerdings die Grundregel *mendacem memorem esse oportet*, „ein Lügner muss ein gutes Gedächtnis haben".

Der erste Schritt, die Lage etwas zu entspannen, kann eine *captatio benevolentiae* sein, eine „Erheischung des Wohlwollens" – wie gut dem Vorgesetzten der neue Anzug stehe, wie wunderschön die Freundin heute wieder aussehe und Komplimente dieser Art.

Im Folgenden bieten sich mehrere Strategien an. Die erste: Du ordnest das Zuspätkommen in den allgemeinen Rahmen menschlicher Fehlbarkeit ein und berufst dich z. B. auf Tacitus: *vitia erunt, donec homines*, „es wird Fehler geben, solange es Menschen gibt". Auf der gleichen Linie liegt ein schlichtes *nemo nostrum non peccat*, „niemand von uns ist ohne Fehl". Sollte dir dieser spezifische Fehler schon mehrfach unterlaufen sein, könntest du das als persönliche Schwäche einräumen; allerdings ist eine höhere Instanz dafür verantwortlich: *unicuique dedit vitium natura creato*, „einem jeden ihrer Geschöpfe hat die Natur einen Fehler gegeben". Das wird jedermann einleuchten.

Ebenso die allgemeine, eher schlichte, aber doch durch die mythologische Umgebung geadelte Einsicht, dass *Iliacos intra muros peccatur et extra*, „innerhalb von Trojas Mauern ebenso gesündigt wird wie außerhalb". Ein berühmtes Wort des Dichters Horaz, das seinen Eindruck zumindest auf gebildete Gesprächspartner nicht verfehlen dürfte.

Die zweite Strategie: Du appellierst an die menschliche Größe des anderen. Wir raten dir entweder zu einem allgemeinen *humanum ignoscere est*, „es ist menschlich zu verzeihen", oder zu einer Sentenz, die die Führungseigenschaften des Verzeihenden betont: *cui peccare licet, peccat minus*, „wer Fehler machen darf, macht weniger Fehler". Dass der Spruch aus Ovids „Liebesgedichten" kommt, brauchst du ja nicht zu verraten.

fugit hora – schuld ist die „fliehende Stunde"

Willst du forscher auftreten, so berufst du dich auf das berühmte *fugit hora* des Satirikers Persius, „es flieht die Stunde", und machst damit die Schnelligkeit der Zeit für deine Verspätung verantwortlich. Damit änderst du den ursprünglichen Kontext allerdings gewaltig. Denn eigentlich gemahnt das *fugit tempus* an die Kürze des menschlichen Lebens überhaupt; ihm geht bei Persius sogar ein *vive memor leti* voran, „lebe eingedenk des Todes!" Ziemlich frech dürfte ein klassisches *potius sero quam numquam* wirken, „besser spät als nie", und erst recht im Falle des Verschlafens ein *qui dormit, non peccat*, „wer schläft, sündigt nicht".

Sollte es zum Streit darüber kommen, ob nicht doch die Bahn oder dein – von den Batterien im Stich gelassener – Wecker ursächlich für die Verspätung ist, solltest du dich unbedingt auf den bekannten Rechtsgrundsatz *in dubio pro reo* berufen, „im Zweifel für den Angeklagten".

Die letzte Strategie: Du setzt auf Einsicht und gelobst Besserung. Ein *dies diem docet* verspricht das jedenfalls, „ein Tag lehrt den anderen". Oder auch die Erkenntnis, dass *usus magister est optimus*, „Erfahrung der beste Lehrmeister ist". Zugegeben, das klingt schon ziemlich allgemein, hat dafür aber den Vorteil, auch in anderen unangenehmen Situationen lateinisch edel argumentativ aushelfen zu können.

Ob du andeuten solltest, dass bei allen guten Vorsätzen doch noch ein gewisses Rückfall-Risiko besteht? Riskant! Wenn, dann passt *omnia praeclara rara* ganz gut, „alles Hervorragende ist selten". Du könntest nämlich Gefahr laufen, dass die Gegenseite dann mit einer Seneca-Sentenz kontert: *naturam quidem mutare difficile est*, „es ist ganz schön schwer, sein Wesen zu ändern". Und dass du mit deinen Ausreden ebenso zu spät dran bist wie mit deinem realen Kommen. *post festum venisti*, könnte es dir entgegenschallen, „du bist nach dem Fest gekommen". Und das hieß für Römer und Griechen: *zu* spät. Und zwar zu spät zur Hauptsache. Die könnte, wenn's ganz bitter kommt, die Arbeit, das Schulverhältnis oder die Beziehung sein.

Wäre das der Fall, so träfe auf dich bedauerlicherweise die Sentenz zu: *stultorum eventus magister est*, „das Ergebnis ist der Lehrmeister der Dummen". Ein geringer Trost, aber immerhin ein lateinischer.

9. Warum der September der siebte Monat und Freitag der Tag der Liebe ist – Datieren wie die alten Römer

„Die spinnen, die Römer!" (lateinische Version: *delirant, isti Romani!*) – da kann man dem pfiffigen kleinen Widerstandskämpfer Asterix ja nur Recht geben. Nicht mal richtig bis zwölf zählen konnten diese arroganten „Herren der Welt"! Den September zählten sie als siebten Monat (*septem*, „sieben"), den Oktober als den achten (*octo*, „acht"), den November als den neunten (*novem*, „neun") und den Dezember als den zehnten (*decem*, „zehn").

Unglaublich! Oder hatten sie am Ende nur zehn Monate? Keineswegs. Die Römer teilten das Jahr durchaus in die uns geläufigen zwölf Monate ein – und der Dezember war auch der letzte. Wie also erklärt sich der skandalöse Verstoß gegen das kleine Einmaleins?

Des Rätsels Lösung liegt in der Umstellung des Jahresbeginns. Diese Reform beschlossen die Römer im Jahre 153 v. Chr. Vorher hatte das Jahr mit dem 1. März angefangen – und da hatte die Rechnung mit dem September als siebtem Monat gestimmt.

Die Neuregelung brachte die nunmehr letzten vier Monate von ihrer sprachlichen Bedeutung her gehörig ins Trudeln. Aber die Römer waren traditionsbewusst. Die Reform des Jahresbeginns schien ihnen an Neuerung genug zu sein; da wollte man sich nicht noch an neue Monatsnamen gewöhnen. Man blieb bei den alten – und nahm den unlogischen „Zahlensalat" in Kauf.

Doppelköpfiger Januar, erhabener August

Und nicht nur das. Dank ihrer überlegenen Zivilisation machten die Römer ihre Monatsnamen auch anderen Völkern schmackhaft. Bis auf den heutigen Tag gelten die römischen Monatsnamen daher fast auf der ganzen Welt. Wer den Römern also vorwirft zu spinnen, weil sie mit der Bezeichnung der letzten vier Monate solch ein logisches Chaos angerichtet haben, der muss sich fragen lassen, ob wir denn klüger sind. Auch heute beugt sich die ganze Erde ja der – römischen! – Tradition. Sie hat uns die Monatsnamen über-geben (*tra + dare*). Wenn so wenige Leute an dem Unsinn Anstoß nehmen, dass wir Weihnachten im „zehnten" und letzten Monat des zwölfmonatigen Jahres feiern – könnte das vielleicht an weit verbreiteten Latein-Defiziten liegen? Wer hat, Hand aufs Herz, überhaupt schon mal über die Bedeutung der Monatsnamen nachgedacht?

Neben den vier fragwürdigen hat Rom der Welt auch seine übrigen acht Monatsnamen vererbt. Die ersten sechs des „neuen" Jahres leiten sich von Gottheiten ab. Der Januar beispielsweise vom doppelköpfigen Gott Ianus – er blickt mit dem einen Kopf ins alte Jahr zurück, mit dem andere ins neue voraus –, der März vom Kriegsgott Mars und der Juni von Iuno, der Gattin des höchsten Gottes Iupiter.

Juli und August hießen früher Quintilis (*quintus*, „der fünfte") und Sextilis (*sextus*, „der sechste"). Vor der Blamage zweier weiterer unlogischer Monatsnamen haben uns Caesar und Augustus bewahrt. Nach dem Familiennamen des einen (Iulius) wurde der Juli, nach dem Ehrennamen des anderen (Augustus, „der

Erhabene") der August benannt. Welch ein triumphaler Nachruhm für die beiden, noch zweitausend Jahre nach ihrem Tod jeweils einem Zwölftel des weltweit gültigen Kalenders gewissermaßen zu präsidieren – und aller Voraussicht nach auch noch bis in ferne Zukunft!

Apropos „Kalender". Auch das ist römischer Begriff: Die *Kalendae* waren der erste Tag eines jeden Monats. Sie waren von den Schuldnern gefürchtet. Denn da hieß es aufgrund der Eintragung im *calendarium*, dem „Schuldenbuch", zahlen. Aus dem „Schuldenbuch" entwickelte sich das *calendarium* zu einem Verzeichnis, in das auch die Feiertage und später dann alle wichtigen Termine eingetragen wurden. Mit anderen Worten: zum Kalender.

Warum es am Iupiter-Tag donnert und am Tag des Herrn die Sonne scheint

Damit nicht genug der Entlehnungen aus dem römischen System der Zeiteinteilung. Außer den Monatsnamen „vererbte" Rom der Welt auch die Namen der Wochentage. Die so genannte Planetenwoche übernahmen die Römer von den Babyloniern; sie setzte sich im Laufe des 1. Jahrhunderts n. Chr. durch. Die Germanen passten allerdings die römischen Götternamen ihren eigenen Gottheiten an. So wurde aus dem *dies Lunae* der „Tag des Mondes", der Montag. Mars, der Gott des Krieges, entsprach bei den Germanen einem gewissen Ziu, latinisiert Thingsus. Also wurde der *dies Martis* zum Dienstag. Der deutsche Mittwoch ist eine spätere Bildung – „Mitte der Woche"; im englischen *wednesday* ist noch Wodan fassbar, im französischen *mercredi* und im italienischen *mercoledì* der ursprüngliche römische Merkur.

Der Donnerstag war bei den Römern dem höchsten Gott geweiht, Iupiter. *dies Iovis* nannten sie ihn; der lateinische Wetter- und Donner-Gott wurde dem germanischen Donar/Thor gleichgesetzt – daher der Donnerstag. Der nächste Tag war der Göttin der Liebe und Schönheit gewidmet; Venus entsprach der germanischen Freya. Also mutierte der *dies Veneris* zum „Freitag" bzw. „*friday*", während es im Italienischen beim *venerdì* und im Französischen beim *vendredri*, „Venus-Tag", blieb.

Der Samstag geht auf den *dies Saturni* zurück. Im Englischen hat er sich als *saturday* erhalten; im Deutschen hat dagegen der jüdische „Sabbat" Pate gestanden. Am Sonntag schließlich huldigten die Römer dem Sonnengott Sol. Während die romanischen Sprachen der späteren christlichen Umbenennung in *dies dominicus*, „Tag des Herrn", folgten – die Franzosen sprechen vom *dimanche*, die Italiener von *domenica*, die Spanier von *domingo* –, sind das Deutsche und das Englische standhaft „römisch" (und aus christlicher Sicht heidnisch) geblieben: Mit „Sonn-tag" bzw. *sun-day* hielten sie der Sonne die Treue.

Was die Stundeneinteilung angeht, wollen wir fairerweise einräumen, dass sich die Römer da nur teilweise in der modernen Zeitrechnung haben durchsetzen können. Zwar teilten auch sie den Tag in 24 Stunden ein, unterschieden aber zwischen 12 Tages- und 12 Nachtstunden. Der Tag begann mit Sonnenaufgang und endete mit dem Untergang der Sonne – was durch die Bewegung der Erde um die Sonne und den Wechsel der Jahreszeiten erhebliche Auswirkungen auf die Dauer römischer Stunden hatte: Sie waren unterschiedlich lang. Eine Tagesstunde im Sommer umfasste bis zu 75 Minuten, eine Tagesstunde im Winter war im Minimum nur 45 Minuten lang. Die Nachtstunden waren entsprechend länger bzw. kürzer.

Gibt es sonst noch etwas Berichtenswertes unter der Überschrift „Datieren wie im alten Rom"? O ja. Unser heutiger stabiler Kalender mit einer Jahreslänge von 365 ¼ Tagen (ein Schalttag alle vier Jahre) verdanken wir keinem Geringeren als Julius Caesar. Er setzte den nach ihm benannten Julianischen Kalender im Jahre 46 v. Chr. in Kraft. Die geringfügige Modifikation im

16. Jahrhundert durch Papst Gregor fällt gegenüber dieser grundlegenden Regelung kaum ins Gewicht. Die Basis zur heute in der ganzen Welt geltenden Jahresrechnung verdanken wir den Römern.

Ganz so große Spinner, wie es anfangs schien, sind sie offenbar doch nicht gewesen.

10. Krasse Sprache, nix für Nullpeiler – Eine jugendsprachliche Anbagger-Tour mit Ovid (nicht nur) im alten Rom

Jugendsprache und Latein passen nicht zusammen? Von wegen. Man muss nur mal ein bisschen im Wörterbuch rumcruisen (*crux*, „Kreuz") – und schon stößt man auf echt bombe (*bombus*, „dumpfes Brummen", aus dem Griechischen übernommen) Zusammenhänge. Lasst es euch von mir gesagt sein, auch wenn ich bei euch als friedhofsblonder Komposti (*componere*, „zusammenstellen"; *compos(i)tum*, „zusammengemischt aus Abfällen) gelte. Und zu allem Überfluss noch als Handykollektor (*colligere*, „einsammeln"; Partizip Perfekt: *collectus)*, der oft genug rumnervt (*nervus*, „Nerv").

Klar, dass das wie bei „Romdeutsch" wieder Stress (*distringere*, „in Anspruch nehmen", „einengen"; *strictus*, „scharf angezogen") geben wird. Damals waren ein paar Nullchecker (*nullum*, „nichts"; *check* ursprünglich im Schach, *scacci*, der gefährdete König, auf den besonders „aufgepasst" werden musste) total (*totus*, „ganz") agro (*aggredi*, „angreifen"); die meinten, das edle Latein werde dadurch in die Gosse gezogen. Als ob's nicht auch eine lateinische Gossen-Sprache gäbe! Kostproben (*constare*, „kosten"; *probare*, „probieren") davon findet ihr in den Kapiteln (*caput*, „Kopf") über Schimpfwörter und Graffiti – wobei das Schlimmste da noch ausgespart geblieben ist.

Aber egal. Sollen die verpeilten (peilen, „den Wasserstand messen", von *pagella*, „Pegel"; *pagella* war ursprünglich der Stab zum Messen der Wasserhöhe) Spackos doch „Peinlich! Peinlich!" aufschreien. Und uns damit attestieren (*attestari*, „bezeugen", „bestätigen"), dass wir wenigstens eine lateinische *poena*, „Strafe", verdient haben.

Damals, in „Romdeutsch", ging's darum, wie „Seneca mal in endgeilem Jugendlatein abloste". Diesmal nehmen wir uns Ovid vor. Der hat mit seiner *ars amatoria*, „Liebeskunst", einen poetischen Flirt-Ratgeber geschrieben, den ihr bestimmt endgeil fändet – wenn, ja wenn ihr euch dazu bequemen könntet, ihn einfach mal durchzulesen. Ein Tipp zur Güte: Auszüge davon werden auch im Lateinunterricht gelesen. Meldet euren Bedarf bei eurem Lateinlehrer an! Wetten, dass ihr da noch was lernen könnt?

Der Circus als Aufrisszone – Anprollen nicht angesagt

Ovid zeigt seinen römischen Lesern, wie sie auf die Jagd nach Mädchen gehen – er sagt wirklich *venari*, „jagen"[1], und darüber regt sich keiner auf! – und wie sie sich dabei und nach erfolgreicher „Jagd" als Liebhaber verhalten sollen. Also pass auf, Pello (von englisch *pal*; deutsch „Kumpel": einer, „mit" (*cum*) dem ich mein Brot (*panis*) esse)! Halte die Augen auf, wenn du zum Anbaggern in der City (*civitas*, „Bürgerschaft") cruist (*crux*, s.o.). Hübsche Mädchen, sogar ausgesprochene Filets (ursprünglich mit einem Faden, *filum*, zusammengebundene Fleischstücke), gibt's überall[2]; besonders groß ist die Auswahl da, wo viele Menschen zusammenkommen: Im Theater, auf dem Forum, in Säulenhallen oder im Circus – allesamt klasse (*classicus*, „zur ersten Steuerklasse gehörig", „erstrangig") Aufrisszonen!

Bleiben wir beim Circus. Das ist eine coole Location (*locus*, „Ort") zum Kontakten (*contactus*, „Berührung", „Kontakt"; Substantiv zu *contingere*, „berühren")[3]: Keine Absperrung zwischen Männlein und Weiblein, richtig gute Party-Stimmung (*pars*,

---

[1] *sed tu praecipue curvis venare theatris*; „aber vor allem geh in den runden Theatern auf Jagd"; ars I 89; vgl. I 45.

[2] *tot tibi tamque dabit formonsas Roma puellas*; „so viele und so schöne Mädchen wird Rom für dich bereithalten"; ars I 55.

[3] *multa capax populi commoda circus habet*; „viele Vorteile bietet der Circus, der eine große Volksmenge fasst"; ars I 136.

„Teil", „Gruppe von Leuten"), alle super (*super*, „darüber", „oberhalb" der Normalität) gut drauf, die Mädels voll ansprechbar – und noch mehr!⁴ Hast du neben einer Schnecke einen Platz (*platea*, „Platz") ergattert, lass *sie* reden! Texte (*textus*, „sprachliches Gewebe") sie bloß nicht zu! Und nimm ja den Klugscheißermodus (*modus*, „Art und Weise") raus!⁵ Und proll bloß nicht rum! (*proletarius*, „Bürger, dessen einziger Besitz in seiner *proles*, „Nachkommenschaft", besteht; „einfacher Mensch"). Rücksicht und Höflichkeit sind voll angesagt – besonders, wenn sie wie im Theater total aufgebrezelt unterwegs sind⁶ („Brezel", Lehnwort zu *bracchium*, „Arm"; die Brezel bildet sozusagen „verschlungene Arme" ab)!

Auch wenn's schwer fällt – Negatives an ihr musst du dir und besonders ihr schön reden⁷. Wenn eine nicht gerade eine Model-Figur (*modellus*, „Maß"; *figura*, „Figur") hat, dann lass bloß nicht einen lockeren Sprach ab wie „Ey, biste aus 'nem Kalorienkloster entsprungen?" (*calor*, „Wärme"; *claudere*, „schließen"). Diese „lustige" Tour (*tornus*, „Dreheisen") funzt (*fungi*, „verrichten") überhaupt nicht! Deutest du bei ihr Mega-Mafiatorten-Appetit an (*torta*, „gewundenes, rundes Gebäck"; von *torquere*, „drehen"; *appetitus*, „Verlangen"), dann hast du schon verkackt (*caccare*, „kacken"). Merk dir: Du stehst eben nicht auf die Gazellenfraktion (*fractio*, „Brechen", „Bruchteil"). Was andere „Wandelmasse" (*massa*, „Masse", „Klumpen") oder „Knödel-

---

⁴ ... *tibi tangenda est lege puella loci*; „(aufgrund des allgemeinen Gedränges) musst du das Mädchen nach dem Gesetz des Ortes berühren"; ars I 142.

⁵ *cuius equi veniant, facito, studiose requiras*; „los, erkundige dich angelegentlich bei ihr, wessen Pferde da kommen" (eigentlich sollte der Mann das besser wissen ...); ars I 145.

⁶ *sic ruit ad celebres cultissimima femina ludos*; „so stürzen sich die Frauen in bestem Aufputz zu den viel besuchten Spielen"; ars I 97.

⁷ *parcite praecipue vitia exprobare puellis*; „lasst es vor allem bleiben, den Mädchen Mängel vorzuhalten"; ars II 641.

fee" (*fata*, „Schicksalsgöttin") nennen, heißt bei dir einfach „mollig"[8] (*mollis*, „weich").

Asitoaster- und Muckibuden-Typen nicht gefragt

Für dein eigenes Aussehen gibt's klare Ansagen von Ovid: Bloß kein übertriebenes Upstylen[9] (*stilus*, „Griffel", „Schreibart", „Stil")! Aber auch kein Auftritt wie der Waldschrat höchstpersönlich (*persona*, „Person"): Sauberes Outfit, Haar, Bart und Nägel vernünftig geschnitten, normaler Hygiene-Standard. Ranzratten (*rancidus*, „ranzig", „stinkend") kommen nicht gut – bei Mundgully (*gula*, „Kehle", „Schlund") oder Achselterror (*terrere*, „erschrecken", *terror*, „Schrecken") wird's einsam um dich.[10] Leicht gebräunter Teint (*tingere*, „färben") ist ok[11] (scherzhafte Falschschreibung für *all correct*; *correctus*, „richtig"), aber nicht so wie ein Laugenbrezel (*bracchium*, s. o.) oder ein Grillhähnchen („Grill" von *craticula*, „kleiner Rost") direkt (*directus*, „gerade", „geradezu") aus dem Asi-Toaster (a-sozial, von *socius*, „Gefährte"; *a-* griechisch für deutsch „un-"; Toaster von *torrere*, „rösten"; Partizip Perfekt: *tostum*, „geröstet"). Eine sportliche Erscheinung mit normalem Marsfeld-Training (*trahere*, „ziehen", wird im Französischen und Englischen zum „Er-

---

[8] *dic..., quae turgida, plenam*; „die fett Aufgedunsene nenne ‚füllig'; ars II 661.

[9] *forma viros neglecta decet*; „für Männer schickt es sich, auf ihr Aussehen nicht so großen Wert zu legen"; ars I 509.

[10] *nec male odorati sit tristis anhelitus oris, / nec laedat naris virque paterque gregis*; „dem schlecht riechendem Mund soll kein unangenehmer Atem entströmen, und die Nase keinen Geruch treffen, der an den Mann und Vater der Ziegenherde erinnert"; ars I 521f.

[11] *fuscentur corpora Campo*, „der Körper soll (durch Sport) auf dem Marsfeld gebräunt werden"; ars I 513.

ziehen") ist prima (*primus*, „der erste"), aber Muckibude (*musculus*, „Mäuschen"; Muskel-Bewegungen erinnerten Anatomen an das Laufen von Mäusen) muss nicht sein.

Aussehen allein bringt's aber nicht. Frauen sind voll die Emos (*emotio*, „Gefühl"); die wollen dich – um sie – kämpfen sehen. *militat omnis amans*, sagt Ovid, „jeder, der liebt, steht im Krieg"[12]. Mit Foliengrillern (*folium*, „Blatt"; *craticula*, „Grill") und Weicheiern (*ova mollia*; Gruß an die 8c und 9c!) geben sich die meisten nicht ab.

Krasse Feten, Wein als Anmach-Turbo

Wenn du mal richtig eine kontaktet hast, sollte das nächste Date (*dare*, „geben"; *datum*: ein Schreiben, das zu einem bestimmten Termin „gegeben", „ausgefertigt" ist) eher schon intim (*inti-*

---

[12] *militat omnis amans et habet sua castra Cupido*; „jeder, der liebt, leistet Kriegsdienst, und auch Amor hat sein Lager"; amores I 9,1; *militiae species amor est, discedite, segnes*; „dem Kriegsdienst gleicht die Liebe; weg mit euch, ihr Schlaffen!"; ars II 233.

mus, „der innerste") gestaltet werden. Von Münzaquarien (*moneta*, „Münze"; *aqua*, „Wasser") als Treffpunkt hält Ovid nicht viel. Die Thermen hatten damals ihre große Zeit erst noch vor sich – außer dem Schwimmbad des Agrippa gab's damals in Rom noch kein öffentliches Cellulitezentrum (*cella*, „Kammer", „Zelle"; *centrum*, „Mittelpunkt", vom griechischen *kentron*). Viel mehr hält er von Partys (*pars*, s. o.) – für ihn eine Kontakt-Location de luxe[13] (*luxus*, „Luxus").

PP (persönliches Pech), wenn du an eine ausgesprochene Partyschranke oder Aquaholikerin (*aqua*, „Wasser") geraten bist – Wein ist für Ovid schon *der* Flirt-Turbo[14] (*turbo*, „Wirbelwind") schlechthin – ohne dass allerdings bei 'ner echten Burnersession (*sessio*, „Sitzen", „Sitzung") jede Menge Alkohol fließen müsste. Und Flatrate-Saufen (*rata pars*, „berechneter Anteil", von *reri*, „urteilen", „rechnen"; Partizip Perfekt: *ratus*) ist, nebenbei bemerkt, echt 'ne pfostige Aktion (*postis*, „Pfosten"; *actio*, „Handlung") – mit Poppen (*popularis*, „volkstümlich") läuft dann eh nichts mehr. Das wiederum, von Ovid viel poetischer als „Vollendung des süßen Werkes"[15] bezeichnet, kann sogar der Höhepunkt einer krassen Fete (*crassus*, „fett"; *festum*, „Fest") sein.

Aber auf *der* Schiene wollen wir jetzt mal lieber nicht weiterfahren. Da gibt's nämlich Leute, die das für absolut (*absolutus*, „lostgelöst") abgespaced halten (*spatium*, „Raum").

---

[13] *dant etiam positis aditum convivia mensis: / est aliquid praeter vina, quod inde petas*; „Annäherungsmöglichkeiten ermöglichen auch Gastmähler, wenn die Tische hergerichtet sind; / es gibt etwas außer dem Wein, was du dir dort holen kannst"; ars I 229f.

[14] *vina parant animos faciuntque caloribus aptos*; „Wein öffnet die Herzen und macht sie für Liebesglut bereit"; ars I 237.

[15] *saepe ... voluptas / veste sub iniecta dulce peregit opus*; „oft hat die Lust ... unter der darüber geworfenen Kleidung das süße Werk vollendet"; amores I 48.

Vielmehr wollen wir euch noch einen Tipp Ovids reindrücken, den wir für korall super halten (*corallum*, „Koralle"; *super*, s. o.). Mit Äußerlichkeiten wie Aussehen und Outfit kannst du zu Anfang punkten (*punctum*, „Stich"; *pungere*, „einen Stich machen"), sagt er, aber auf Dauer wirst auch du zum friedhofsblonden Komposti (*componere*, s. o.) mit Paulanerspoiler (*spoliare*, „rauben", „wegnehmen; der Spoiler nimmt Luftwiderstand weg) bzw. Brauereitumor (*tumor*, „Geschwulst") werden[16]. Spätestens dann wird es Zeit dafür, dass du deine geistigen Gaben rausholst – und auch die stehen bei leckeren Tusen hoch im Kurs (*cursus*, „Lauf", „Richtung"). Der echte Schneckenchecker (*scacci*, s. o.), meint zumindest Ovid, sollte sich „in beiden Sprachen" gut auskennen[17]. Im Klartext (*clarus*, „klar"; *textus*, s. o.): in Griechisch und Latein.

Einer Einschätzung, der wir überhaupt nicht widersprechen wollen. Auch wir finden Griechisch voll korrega (*corrigere*, „berichtigen"; *correctus*, „richtig"), aber noch ein Stück wichtiger erscheint uns Latein. Echt krasse Sprache (*crassus*, „fett"). Irgendwie total Kult (*totus*, „ganz"; *cultus*, „Pflege", „Verehrung").

---

[16] *et tibi iam venient cani, formonse, capilli, / iam venient rugae, quae tibi corpus arent*; „bald schon kommen auch zu dir, schöner Mann, die grauen Haare, bald auch die Runzeln, die deinen Körper durchpflügen"; ars II 117f.

[17] *nec levis ... / cura sit et linguas edidicisse duas*; „und verwende nicht wenig Sorgfalt darauf, auch die beiden Sprachen richtig zu erlernen"; ars 121f.

11. Arte oder Vox –
Welcher TV-Kanal ist näher dran am Lateinischen?

Warum wir lieber von TV sprechen als vom Fernsehen? Ist doch klar: Tele-vision ist zwar ein neu geschaffenes Kunstwort, aber doch eines mit sehr alten Wurzeln: *tele* heißt griechisch „fern" und lateinisch *visio* ist die „Sicht", das Substantiv zu *videre*, „sehen". Das begegnet uns ja auch in Video („ich sehe"). Das akustische Gegenstück dazu ist das Hören – in unserer multimedialen (*multi; medius*; „viele Mittler" sind beteiligt) elektronischen Welt als Audio bekannt („ich höre"). Und der Kanal? Ebenfalls Latein: *canalis* ist die „Röhre" oder „Rinne". Wer englisch *channel* chicer findet – nichts dagegen. Kommt nämlich auch von *canalis*.

Die sprachlichen Ursprünge von TV-Kanälen wären damit geklärt. Aber eigentlich geht es ja um einen kleinen Test, wie lateinisch zwei ausgewählte Kanäle daherkommen. Unsere Stichprobe (*probare*, „prüfen") fällt in die Vorosterwoche vom 4. bis zum 10. April 2009. Da waren Osterferien (*feriae*, „Feiertage") und wir hatten mehr Zeit als gewöhnlich, um uns intensiv (*intensus*, „heftig", „stark") mit Programmzeitschriften zu beschäftigen. Bevor wir anfangen, noch ein kleiner sprachlicher Hinweis zum Test. Er geht, wer hätte das gedacht, auf lateinisch *testa* zurück, das „Gefäß", die „Schale" (auch die „Scherbe"). Die mittelalterlichen Alchimisten machten ihre Versuche in Tiegeln, die sie *testae* nannten – und aus diesen „Versuchsschalen" haben sich die Tests als allgemeiner Begriff für Versuche herausgebildet. Wen übrigens die ständigen Rückgriffe auf lateinische Basiswörter nerven – den können wir nur achselzuckend darauf hinweisen, dass „nerven" von *nervus* kommt, der „Nerv".

Ad rem, „zur Sache"! Wir haben ganz bewusst zwei Kanäle ausgesucht, die von ihrem Anspruch ziemlich weit auseinander liegen: Vox ein Privatsender, der zum Bertelsmann-Imperium („Reich") gehört, Arte *der* Bildungssender des öffentlich-rechtlichen Fernsehens. Da ahnt man schon, welches Ergebnis unser Latein-Test haben wird. Eines immerhin hat Vox dem Konkurrenten (*con-currere*, „zusammen auf ein Ziel zulaufen") voraus: Er (der Sender, sonst müsste es, kleinlich wie wir sind, „sie" heißen: *vox* ist Femininum!) trägt einen echt lateinischen Namen mit der Bedeutung „Stimme". Übrigens von den Römern mit einem langen „o" gesprochen; spricht man das Wort heute so aus, wird man mitleidig belächelt: ein Lateiner halt! Arte dagegen ist italienisch gebrochenes Latein. Das lateinische Ursprungswort heißt *ars*, „Kunst" – im Übrigen auch ein Femininum!

Koch-Shows als lateinische Delikatessen

Mit dem Magazin „Global" geht Arte am Samstag um 11.20 Uhr erwartungsgemäß früh ins Latein-Rennen. *globus* ist die „(Welt)-Kugel". Es folgen einige Dokumentarfilme. Sie „belehren" uns (*docere*); ein *documentum* ist ein „Beweis", eine „Lehre". Auch die Arte-Reportage am frühen Abend ist eine Art lateinischen Berichts. *re-portare* heißt „zurück-bringen" und damit in den Tochtersprachen auch „Wissen zurückbringen", d. h. „berichten".

Sonntags stoßen wir auf eine Philosophie-Sendung namens „Körper" – ein deutsches Lehnwort, das vom gleichbedeutenden lateinischen Wort *corpus* abstammt. Mit „Chinesische Delikatessen – Kochen für Millionen" bedient auch Arte das Publikumsinteresse an Kochsendungen. Tja, und das ist zumindest sprachlich ein lateinischer Hit: „kochen" – ebenso englisch *to cook* – geht auf *coquere* zurück, „kochen". Auch die „Delikatessen" sind lateinstämmig; das französische Wort hat sich aus *delectare*, „erfreuen", entwickelt.

Am Montag wenig Neues: „Arte Kultur" nimmt natürlich *cultura* auf, „Pflege", „Kultur". Um 17.25 Uhr blitzt dann noch einmal etwas Latein auf: „Mit offenen Karten" heißt die Sendung. Sie verdankt der *charta*, „Papier", ihren Titel (*titulus*, „Überschrift").

Am Dienstag stoßen wir nur auf „Märkte" (*mercatus*, „Markt") und auf die „Biosprit-Lüge". Der „Sprit" ist natürlich ein lateinischer „Geist", *spiritus*. Auch Mittwoch bleibt es relativ mau. Immerhin um 18.30 Uhr „Zu Tisch auf..." – und damit die Erinnerung an das Ursprungswort von „Tisch", *discus*, „Scheibe". Genau genommen, lernen wir, dürfte es nur runde Tische geben, jedenfalls hatten sie ursprünglich mal diese Form, als die Germanen das Wort übernahmen.

Wir kommen beim Weiterblättern zum Donnerstag und registrieren im Titel des Dokumentarfilms „Monsterland" ein lateinisches *monstrum*, „Ungeheuer". Ansonsten nur in „Super Size Me" ein „super". Aber so richtig *super* („darüber", „oberhalb" des Normalen) kommt uns die Latein-Ausbeute auf Arte auch heute nicht vor.

Was bringt der Freitag? Altbekanntes wie „Karten", „Kultur", „Global" und „Info". Das müssen wir fairerweise noch ergänzen. *informare* heißt „in eine Form bringen" und damit „bilden", „darstellen". Und sonst? Außer den „Amish people (*populus*, „Volk") nur der KDD, „Kriminaldauerdienst". Der beschäftigt sich mit dem *crimen*, „Verbrechen". Von einem sprachlichen LDD, Latein-Dauerdienst keine Spur. Und das soll Bildungsfernsehen sein?

Science-fiction-Serien – sprachlich zurück in die Vergangenheit

Wir sind enttäuscht und befürchten das Schlimmste beim Vox-Test. Angesichts des Arte-Befundes rechnen wir dort nur noch mit Spuren-Elementen (*elementum*, „Grundstoff") von Latein.

Doch siehe da! Schon am Sonntag Vormittag kommt uns da eine wahre Latein-Lawine (*labi*, „gleiten") entgegen: „BBC Exklusiv", „Spiegel-TV", „Voxtours", alles direkt nacheinander. *exclusus* ist „ausgeschlossen", also nur bestimmten Auserwählten offen stehend, „Spiegel" ist ein deutsches Lehnwort zu *speculum*, „Spiegel", und die „Tour" geht auf den *tornus* zurück, das „Dreheisen". Wer „tourt", „dreht und wendet" sich wie der *tornus*. Am Nachmittag das Magazin „auto mobil" (*mobilis*, „beweglich"), am Abend dann ein „Spiegel-TV Special" (*specialis*, „besonders") und zwei Filme mit teil-lateinischen Titeln: „Liebe ist Nervensache" (*nervus*, s. o.) und „Dark Angel", ebenso wie der deutsche „Engel" auf *angelus* zurückgehend – ein ursprünglich griechischer „Bote", den die Römer übernommen und an uns weitergegeben haben. „Dark Angel" ist eine Sci-Fi-Serie – und an der ist nun alles Latein. *science* kommt von *scientia*, „Wissen" (Verb: *scire*, „wissen"), *fiction* von *fictio*, „Gestaltung" (Verb: *fingere*, „bilden"), und die Serie ist eine lateinische *series*, „Reihe" (Verb: *serere*, „knüpfen").

Der nächste Tag bringt Doku-Reihen, Doku-Soaps und Reportagen – *docere*, „belehren", und *reportare*, berichtendes „Zurückbringen" sind also auch bei Vox angesagt. Am Abend stoßen wir auf neue lateinische Begriffe: „Prominent!" heißt ein Boulevard-Magazin; *prominere* bedeutet „hervorragen"; ein *prominens* ist also ein „hervorragender", aus der Masse „herausragender" Mensch. Über die Kurzform „Promi" sind wir weiß Gott nicht glücklich. Sie ist einfach dämlich, weil bar jeder Ahnung um Wortstämme gebildet – und mindestens ein so Latein-geneigter Sender wie Vox sollte auf diese peinliche (*poena*, „Strafe) Form

verzichten. Aber sei's drum: Das Hauptangebot am Sonntagabend ist die „Promi Kocharena": Zum „Kochen" ist ja bereits alles Wichtige gesagt. Wie erfreulich indes, dass die – tendenziell schon überflüssige – Koch-Show mit „Arena" wenigstens lateinisch punkten kann! *arena* war bei den Römern der Sand – und weil die Kampffläche in den Amphitheatern aus Sand bestand, entwickelte sich daraus die Bedeutung „Kampfplatz".

„Medical Detectives" –
Je englischer der Titel, umso lateinischer die Ursprünge

Der lateinisch ganz ordentlich gefüllte Sonntag ist vorüber; der Montag steht vor der Tür. Und macht schon um 5.30 Uhr den nächsten lateinischen Stich! „Menschen, Tiere, Doktoren" heißt die Sendung, und wir sind froh, dass zumindest ein Drittel davon lateinstämmig ist: *doctor* ist der „Lehrer" (Verb: *docere*; daher auch „Dozent"); aus dem spezialisierten *doctor medicinae*, „Lehrer der Medizin", entstand die Bedeutung „Arzt". Mit „Mc Leod's Töchter" folgt eine Familienserie – und die ist sprachlich voll auf dem Latein-Trip (*series*, s. o.; *familia*, die „Hausgemeinschaft"). Um 19 Uhr dann der nächste Latein-Höhepunkt: „Perfektes Dinner". *perfectum* ist etwas, das „durch und durch gemacht", also perfekt ist. Und dann geht es Schlag auf Schlag: Um 21.10 Uhr die Krimi-Serie (!!) „Criminal Intent", die neben dem „Verbrechen" (*crimen*) auch noch den lateinischen „Vorsatz", die „Absicht" (*intentio*, „Spannung", „Aufmerksamkeit") im Titel trägt, um 22.50 Uhr „The District", der auf *districtus*, „Umgebung der Stadt", „abgeschlossenes Territorium", zurückgeht, und um 2.45 Uhr „Medical Detectives". *mederi* heißt „heilen", *medicamentum* ist das „Heilmittel" oder eben „Medikament". Und ein „Detektiv"? Das ist ein „Aufdecker" (von *de-tegere*, „aufdecken", „ent-hüllen"), der „von" (*de*) etwas „Verborgenem" (*tectum*) die Verhüllung nimmt. Fazit (*facit*: „es macht, bewirkt"): Erneut stehen wir vor einer grandiosen (*grandis*, „bedeutend") Latein-Ausbeute bei Vox.

Der Dienstag ist nur enttäuschend, weil er soviel Bekanntes wiederholt. Aber die Zusammenstellung ist beeindruckend: „Familienserie", „Doktoren", „Perfektes Dinner", „The District", „Medical Detectives" und „auto mobil". Einziger Neuzugang: Spiegel-TV Extra. *extra* nannten die Römer etwas, das „außerhalb" lag, nicht nur örtlich, sondern auch außerhalb der Erwartung, der Norm, der Gewohnheit.

In etwa das gleiche Bild am Mittwoch: Vieles bekannte Lateinische – von „BBC Exklusiv" über „Criminal Intent" bis zum „Dark Angel" –, aber immerhin eine neue Bekanntschaft, die Krimi-Serie „Crossing Jordan". *(to) cross*, „Kreuz"/„kreuzen" – das alles geht auf lateinisch *crux* zurück, „Kreuz". Und natürlich auch das „Kruzifix" – wobei *der* Kruzifix durchaus richtiger wäre: *crucifixus* ist „der ans Kreuz Geschlagene".

Am Donnerstag sieht die Programmvorschau für Vox zwar auch erfreulich lateinisch aus, aber wir stoßen auf wenig Neues. Immerhin begegnen uns im Abendprogramm eine Actionkomödie und ein Actionfilm. In beiden Produktionen (*pro-ducere*, „hervor-bringen", „herstellen") ist offenbar Handeln Trumpf. Denn nichts anderes bedeutet das Verb *agere*, von dem das Substantiv *action* oder schlicht „Aktion" abgeleitet ist; *actio* ist folglich die „Handlung" und „aktiv" ist, wer handelt.

Mit dem Weiterblättern zum Freitag agieren wir entsprechend unserer Intention. Und werden nicht enttäuscht! Es ist der Karfreitag, und der wird auf Vox mit Filmen unterschiedlicher Couleur (*color*, „Farbe") gefüllt. Einer von ihnen heißt „Ein heißer Coup". Und dieser „Coup" ist ursprünglich ein *colaphus*, ein „Faustschlag" oder eine „Ohrfeige". Ein Wort, das aufs Griechische zurückgeht, das seinen Weg aber über das Lateinische in die Tochtersprache Französisch und von dort zu uns als Fremdwort gefunden hat.

Zum Schluss der Humanisten-Kaiser William – Ein Quoten-Bringer?

Und womit krönt (*coronare*, „bekränzen", „krönen") Vox in dieser Karwoche sein „Latein-Programm"? Mit einem Film, der ausgerechnet den Titel „Club der Caesaren" trägt! Darin geht es, entnehmen wir der Programmzeitschrift, um einen Lehrer namens William, der „die Tugenden des Humanismus predigt". Wir fühlen uns angesprochen. Muss man mehr zu diesem „kaiserlichen" (*Caesar*) Höhepunkt der Woche bei Vox sagen?

Eines kann man sicher konstatieren (*constare*, „feststehen"): Vox hat, was den Latein-Gehalt in den Titeln seiner Sendungen angeht, die Nase gegenüber Arte deutlich vorn. Was zum Anspruch des Namens passt, aber nicht unbedingt zum Image (*imago*, „Bild") des Senders. Und schon gar nicht zu unserer Vermutung. Sie war schlicht falsch (Lehnwort zu *falsus*) – was der Lateiner mit einem eleganten (*elegans*, „ausgewählt", „geschmackvoll") *errare humanum est* quittiert, „Irren ist menschlich". Und die Gelegenheit gleich nutzt, um auch das „Quittieren" als Lehnwort zu *quietare*, „beruhigen", zu enthüllen.

Denn wirklich beunruhigt sind wir trotz des deutlichen Ergebnisses pro Vox („für Vox"; grammatisch korrekt hieße es: *pro Voce*; *pro* steht, wer wüsste das nicht, mit dem Ablativ!) doch nicht. Von Inhalten war ja nicht wirklich die Rede, sondern nur von der sprachlichen Verpackung. Mit der liegt Vox sehr eindrucksvoll im gegenwärtigen Latein-Trend. Hinsichtlich der Bildungs-Substanz (*substantia*, „was darunter steht", der „Bestand") trauen wir Arte letztlich aber doch mehr zu. Aber die Arte-Macher sollten das stärker nach außen zeigen – mit größerem Latein-Gehalt der Titel, schlagen wir als *ad-hoc*-Maßnahme („zu diesem", „sofort") vor.

Sonst brauchen sie sich nicht zu wundern, wenn Vox ihnen den Rang in den Einschalt-Quoten (*quotus*, „der wievielte", „wie viele?") abläuft. Denn auch für Programmzeitschriften gilt das geflügelte Wort Ciceros: *quod non est in actis, non est in mundo*, „was nicht in den Akten ist, ist nicht in der Welt".

12. Börse und Politik, Medizin und Liebe – Fremdwörterlatein in vier Lektionen

Mit Latein versteht man Fremdwörter besser? Stimmt's oder stimmt's nicht? Stimmt nicht, wenn man sich dabei auf Artikel in BILD oder *Bunte* stützt. Denn die meisten der dort verwendeten lateinstämmigen Fremdwörter versteht man auch ohne Lateinkenntnisse. Ob man sie indes wirklich durchschaut, ist eine andere Sache. Stimmt, wenn es um weniger gebräuchliche oder fachsprachliche Fremdwörter oder Latein-Vokabeln in anspruchsvolleren Publikationen geht. Da müssen Nichtlateiner oft passen, mit seinem Schullatein aber kann man sie sich meist gut erschließen.

Mal sehen, ob sich diese Behauptung mit – relativ schweren – Beispielen erhärten lässt. Die Wette gilt: Je nach benutztem Lehrbuch müssten Lateinschüler die meisten Fragen nach rund einem Jahr Unterricht beantworten können:

1. Wie spricht man und was versteht man unter *Reinkarnation*?
2. Man trifft auf einen *Somnambulen*. Wann geschieht das?
3. Was ist ein *Millennium* und warum wird es – im Unterschied zu einer Prüfungsaufgabe im Zentralabitur Sozialwissenschaften 2009 in Nordrhein-Westfalen – mit Doppel-n geschrieben?
4. Latein ist, behaupten jedenfalls wir, *ubiquitär*. Stimmt's?
5. Man schließt eine Versicherung ab. Eine Klausel besagt, dass sie im Schadenfall aber nur *subsidiär* leistet. Und das heißt?
6. Eine Krankheit ist *perniziös*. Eher gut oder eher schlecht?
7. Zugegeben, ein älteres Fremdwort: *Verbalinjurie*. Gleichwohl – möchte man davon betroffen sein?

Nach dieser überfallartigen Ouvertüre – dazu hat sich *apertura*, „Öffnung", in einem gewissen spätlateinischen Regionaldialekt entwickelt – wollen wir unsere These noch an ein paar kohärenten (*co-*, „zusammen"; *haerere*, „haften") Texten illustrieren (*illustrare*). Sie alle sind in der modernen (*modernus*, „neu") Lebenswelt angesiedelt. Für unser selektiv-exemplarisches Prozedere hoffen wir auf die Indulgenz der Leser (*se-ligere*, „auseinander lesen"; *exemplum*, „Beispiel"; *pro-cedere*, „vor-gehen; *indulgentia*, „Nachsicht"; *legere*, „lesen").

Spekulanten – immerhin zur Erklärung des Partizips Präsens zu gebrauchen

Der von vielen im Winter 2008/9 befürchtete *totale Börsen-Kollaps* fand nicht statt. Aber der deutsche Leit*index* fiel deutlich. Die *Märkte* waren *nervös*, die *Dividenden reduzierten* sich, es gab kaum Neu*emissionen* von *Aktien*. Die *Spekulanten* misstrauten der *Bonität* vieler Unternehmen. In der *Rezession* erwiesen sich manche *Aktienkurse* als *extrem volatil*. Angesichts *exzessiver Bonus*-Zahlungen an Pleite-Manager wurde offen über deren *moralische Inferiorität diskutiert*. Dass der *Ölpreis* sank, war der einzige positive Krisen-*inhärente* Aspekt.

Die Börse ist aus *bursa* entstanden, ursprünglich der „Ledersack", dann der „Geldbeutel". Bei einem Kollaps wäre sie „zusammengestürzt" (*col-labi*), möglicherweise „ganz" (*totus*). Spekulanten sind Teilnehmer des Markts (Lehnwort zu *mercatus*), die ihn „beobachten", „auskundschaften" (*speculari*) und auf steigende Kurse (*cursus*, „Lauf") hoffen. Aber auch Dividenden sind etwas Schönes; bei ihnen „muss" der Gewinn „geteilt werden" (*dividere*). -nd-Formen drücken eine Notwendigkeit aus, -nt-Formen dagegen stammen meist vom lateinischen Partizip Präsens ab (Stamm: *speculant-*). In „Aktie" steckt *agere*, „handeln"; die *actio* ist sozusagen die „Tätigkeit" der Beteiligung an einem Unternehmen, das diese Anteilscheine emittiert (*e-mittere*, „heraus-schicken"). Wer nervös ist, der ist „voller

Nerven" (*nervus*; *-osus* als Endung der Fülle). Re-duzieren und Re-zession weisen beide auf eine Bewegung „zurück" (*re-*); im einen Fall „zurück–führen" (*re-ducere*), im anderen „zurück-gehen" (*re-cedere*; Perfekt *recessi*). Verbunden mit *ex-* heißt *cedere* „hinaus-gehen"; ex-zessiv ist demnach etwas, das über das Normalmaß weit „hinaus geht".

Der Index ist ein direkt aus dem Lateinischen übernommener „Anzeiger", der Bonus natürlich eine „Gut"-Schrift (*bonus*, „gut"); Bonität ist die Eigenschaft des Gut-Seins. Die deutsche Endung -tät geht auf lateinisch *-tas* zurück. Also ist auch die Inferiorität eine Eigenschaft, und zwar die des „unterhalb" (*inferior*) Seins. Moralische Inferiorität bezieht sich auf die „Sitten" bzw. den „Charakter" (*mores*). In „volatil" steckt *volare*, „fliegen"; volatil nennen die Börsianer Aktien, deren Kurse rasch nach oben oder unten „fliegen" und dadurch „äußerste" (*extremus*) Punkte erreichen. Beim *dis-cutere* geht's kräftig zur Sache: Die Dinge werden „auseinander geschlagen" und auf alle Aspekte („Gesichtspunkte"; *a(d)spicere*, „an-schauen") förmlich abgeklopft. Inhärent ist etwas, das mit „drinnen hängt" oder „klebt" (*in + haerere*). Und der Ölpreis? Versteht doch jeder; und wieso Fremdwort? Besser noch und damit ein schönes Aha-Erlebnis: Ein Doppel-Lehnwort! *oleum* war bei den Römern das „Öl" und *pretium* der „Preis".

Patienten, Mediziner und die Latein-Barriere zwischen ihnen

Die Medizin, *den* Verdacht hat jeder Patient, ist etwas durch und durch Lateinisches. Wohl wahr; *mederi* heißt „heilen" und *medicus* ist der „Arzt". Es sind mitunter ziemlich üble Sachen, über die sich Mediziner in der Herrschaftssprache Latein verständigen: Dass eine Krankheit latent sei oder progredient oder irreversibel, dass sie in einer benignen oder malignen Form auftrete, dass der Patient ein Sedativum benötige, um die Suizid-

Gefährdung zu verringern etc. Wenn wir das hören, bedürfen wir fast der Reanimation. Wie hoch mag die Mortalitätsquote bei jenen sein, die eigentlich gesund sind, denen aber all dieses schreckliche Mediziner-Latein furchtbar auf den Sack geht?

Er steht im Zentrum aller medizinischen Bemühungen: Der Patient. Wieder ein Partizip Präsens auf -nt; also ein „Leidender" oder „Ertragender" (*pati*). -nt auch bei den Krankheitsstadien: Beim latenten „verbirgt sich" noch etwas (*latere*), beim progredienten „schreitet es fort" (*pro-gredi*); irreversibel schließlich heißt, dass es „nicht" (*in-*) „zurück" (*re-*) „drehbar" (*vertere* + *bilis*, „fähig") ist. In *benignus* steckt „gut" (*bene*), in *malignus* „schlecht" (*male*). Re-animieren ist grundsätzlich etwas Positives: Da kehrt der „Geist", das „Leben" (*animus*) in den Patienten „zurück" (*re-*). Auch das Sedativum ist von der Wirkung her eine sinnvolle „Beruhigung" (*sedare*) – erst recht, wenn jemand sonst Hand an sich (*sui*) legen würde. -*cidere/caedere* heißt „töten"; -zid hat also stets etwas mit „Ausrottung" zu tun, egal ob es an Pilzen (*fungus*) geschieht, an Gräsern (*herba*) oder gar an Völkern (*genus*) (Fungizid; Herbizid; Genozid). Die Mortalitätsquote gibt an, um „wie viel" (*quotus*) „Sterblichkeit" (*mortalitas*) es geht. *mors, mortis* ist bei den Römern der „Tod" – nicht zu verwechseln mit *morbus*, „Krankheit".

Ist es unangemessen, in diesem Zusammenhang so locker vom „Sack" zu sprechen? Nicht, wenn es um unser lateinisches Erbe geht: Das muss man selbstbewussten Deutschen erst mal begreiflich machen, dass unsere germanische Vorfahren selbst den „Sack" vom römischen *saccus* entlehnt haben...

Prekariat, Partizipation und das Geheimnis der venerischen Krankheit

Kommen wir zur Politik. Wohl wahr: Das ist ein griechisches Wort, von *polis*, „Stadt", abgeleitet. Und doch kommt sie fachsprachlich ziemlich lateinisch daher. Wir sprechen von Parteitags-Delegierten, die „ab-gesandt" sind (*de-ligere*), vom Plenarsaal, weil er für ein „volles" (*plenus*) Haus mit allen Abgeordneten bestimmt ist, von Regierung (*regere*, „leiten") und Opposition (*op-ponere*, „entgegen setzen"), von föderalen Prinzipien (*foedus*, „Bündnis", also der Tatsache, dass sich Länder zu einer Bundesrepublik zusammengeschlossen haben; *principium*, „Anfang", „Grundlage") und dem Ratifizieren multilateraler Abkommen. Dadurch wird „gültig gemacht" (*ratus; facere*), was viele (*multa*) Seiten (*latus*, Plural *latera*) betrifft. Unilateral dagegen sind Willenserklärungen, die nur von einer (*unus*) Seite abgegeben werden.

Die Politologen verwenden besonders gern schwere Wörter, die aus dem Lateinischen kommen. Sie sprechen von Partizipation und meinen politische „Teilnahme" (*pars*, „Teil"; *capere*, „ergreifen"), von Partikularinteressen (erneut *pars*, „Teil"; *inter-esse* meint geistig „dazwischen sein", „Anteil nehmen"). Und gemeinsam mit den Soziologen (*socius*, „Gefährte" – eben auch in einem Staatswesen) haben sie prekäre Arbeitsverhältnisse erfunden (*precar*i heißt „bitten"; *precarius* ist der „Bittsteller", der Sorge haben muss, dass seine Bitte nicht erfüllt wird ...). Und sie warnen vehement (*vehemens*, „heftig") vor einer Pauperisierung der Gesellschaft, einem Abdriften vieler in die Armut (*paupertas*). Eine wahrhaft perhorreszierende Vorstellung, die uns „durch und durch" (*per*) mit „Schrecken" (*horror*) erfüllt!

Auch die Liebe hat, viele halten es angesichts des klassischen Römer-Images (*imago*, „Bild") kaum für möglich, ihre lateinischen Ursprünge. Sprachlich zumindest. Amouren, amourös und Co – all das geht auf Amor, den Liebesgott der Römer, zurück (wie übrigens auch das Co; das steht nämlich für „Compagnie", und die Com-pagnons sind etymologisch alle die, „mit" denen man sein „Brot" isst (*cum + panis*). Der Ko-itus ist ein sexuelles „Zusammengehen" (*co-ire*), und der Sex leitet sich von *sexus*, „Geschlecht", ab. Sie möchten vom Körperlich-Animalischen (*corpus*, „Körper"; *animal*, „Lebewesen", „Tier"), von der Dominanz (*dominari*, „herrschen") der Genitalien (*genitalis*, „zur Zeugung gehörend") weg und hätten es lieber romantisch?

Auch das ist Latein: „Romantisch" heißt nichts anderes als „romanhaft", und der Roman hat seinen Namen nach den romanischen, also „römischen" Sprachen bekommen. So gesehen sind Roman und der Romantiker echte Römer – na gut, Spätrömer.

Und wenn Sie nach einem romantischen Tête-à-Tête, bei denen sich die Köpfe (*testae*) liebevoll einander zugebeugt haben, zärtlich „adieu" oder „ade" oder „tschüss" sagen, dann sprechen Sie bei aller Sensitivität (*sentire*, „empfinden") letztlich doch wieder in der Sprache Caesars. Denn alle diese Abschiedsformeln sind Varianten von *ad deum*, „zu Gott", „Gott befohlen". Sollten Sie sich nicht nur mit den Köpfen näher gekommen sein, könnten Sie sich allerdings von Ihrem attraktiven (*at-trahere*, „an-ziehen") Partner (*pars*, „Teil"; also „Teilhaber") auch etwas Unangenehmes eingefangen haben, das Sie bei einem Facharzt für venerische Krankheiten (die heißen wirklich so!) kurieren (*curare*, „pflegen") lassen sollten. Sie wissen nicht, was das sein könnte? Denken Sie mal an Venus, die Liebesgöttin der Römer! Venerische Krankheiten: Hört sich doch viel netter, irgendwie beschwingter, ja fast liebevoll an – gegenüber dem brutalen (*brutus*, „gefühllos") deutschen Wort „Geschlechtskrankheit".

13. Ein bisschen Sach-Latein – Kulturgeschichtliche Splitter in Zahlen

Im Folgenden haben wir einen Mix (*miscere*, „mischen") von (hoffentlich) interessanten Informationen zum Alltag der Römer, zu ihrer Geschichte, Kulturgeschichte, Literatur und Architektur zusammengestellt. Als Richtschnur für die notwendige Auswahl haben wir uns einfach mal an Zahlen orientiert. Von 1–20 sind alle Zahlen vollständig berücksichtigt, danach werden die Abstände sehr ungleichmäßig und sehr viel größer – bis zu 1 Million.

Das kleine Potpourri soll auch zeigen, dass Latein nicht nur ein Sprachfach ist, sondern untrennbar mit dem Leben der alten Römer und ihrer Zivilisation verbunden ist – also auch ein Sachfach, das manche spannenden Geschichten und Geschichtchen bereithält. Wer sich über unsere Häppchen ärgert, kann den Dingen ja tiefer auf den Grund gehen: Zu allen angesprochenen Themen gibt es informative Sachbücher. Auch Lateinlehrerinnen und Lateinlehrer kann man als Informanten anzapfen – sie freuen sich über jede Nachfrage.

Ach ja, eines noch. Wir haben, damit es noch ein bisschen spannender wird, *einen* Fehler eingebaut. D.h. zu einer unserer Zahlen passt der Inhalt nicht. Wer entgeht der Informations-Falle? Viel Spaß beim Suchen!
Und für alle Fälle: Die Auflösung findet sich wieder am Ende des Buchs.

1/I

Es gibt zwei Perioden der römischen Geschichte, in denen ein einziger Mann an der Spitze des Staates stand: Von 753–509/8 v. Chr. war Rom eine Monarchie von Königen, seit 27 v. Chr. herrschten Kaiser (von „Caesar" abgeleitet) über Rom. Offiziell sprach Augustus, der Begründer des Kaiserreiches, von einem „Principat", der „Herrschaft des ersten (*princeps*) Mannes". Zwischen 509/8 und 27 v. Chr. war Rom eine „freie" Republik (*res publica libera*), in der der Adel den Ton angab.

2/II

Im republikanischen Rom galt das strikte Prinzip der Kollegialität. Alle Ämter waren mit zwei Politikern besetzt; der jeweilige Kollege hatte ein Veto („ich verbiete")-Recht gegenüber Amtshandlungen des anderen. Auf diese Weise sollte möglichem Machtmissbrauch vorgebeugt werden. Man könnte auch von einem politischen Vier-Augen-Prinzip sprechen.

3/III

Eine römische *cena* (Hauptmahlzeit am Nachmittag) bestand aus (mindestens) drei Gängen: *gustatio*, „Vorspeise", *ferculum*, „Hauptgang", und *mensa secunda*, „Nachtisch". Reiche Leute ließen ihren Gästen häufig viel mehr Gänge servieren; ein solches *convivium* („Gastmahl") konnte sich so über viele Stunden hinziehen. Die köstlichste Beschreibung eines aufwendigen, mit Gags gespickten Gastmahls stammt aus der satirischen Feder Petrons: Die berühmte *cena Trimalchionis* – mittlerweile eine beliebte Schullektüre.

4/IV

Im römischen Circus gab es vier nach Farben unterschiedene Rennparteien: die Blauen, die Grünen, die Roten und die Weißen. Fast alle Römer waren Anhänger einer dieser Parteien. Erfolgreiche Wagenlenker waren „Legionäre": Sie wechselten die Farbe, wenn es anderswo mehr zu verdienen gab.

5/V

Der Tempel des Ianus Quirinus auf dem Forum Romanum wurde geschlossen, wenn Rom in keinem Krieg stand. Das war bis zur Regierung des Augustus angeblich nur zweimal der Fall

(714–671 und 235 v. Chr.) – und gleich dreimal unter seiner Herrschaft.

6/VI

Es gab erst vier, später sechs Vestalinnen, die Priesterinnen der Göttin Vesta. Ihre wichtigste Pflicht war es, das Staatsfeuer im Vesta-Tempel auf dem Forum Romanum in Gang zu halten. Sie taten 30 Jahre Dienst und waren – die einzige weibliche Priesterschaft in Rom – hoch angesehen. Ihre „Chefin" war die Virgo Vestalis Maxima.

7/VII

Rom ist bekanntlich auf sieben Hügeln gebaut – tatsächlich sind es ein paar Erhebungen mehr, aber die 7 ist eine „heilige", magische Zahl. Die 7 kanonischen Hügel sind: Aventin, Caelius, Capitol, Esquilin, Palatin, Quirinal, Viminal.

8/VIII

Die römische Armee kannte acht „Kronen" oder „Kränze" (*coronae*) als besondere Auszeichnungen für soldatische Tapferkeit: Triumphkrone, Belagerungskrone, Bürgerkrone, Mauerkrone, Lagerkrone, Schiffskrone, Ovationskrone (kleiner Triumph), Olivenzweigkrone.

9/IX

Griechen und Römer kannten neun Musen: Kalliope (Epik), Klio (Geschichtsschreibung), Erato (Liebesdichtung), Euterpe (Lyrik), Melpomene (Tragödie), Polyhymnia (Musik), Terpsichore (Tanz), Thalia (Komödie), Urania (Astronomie). Für Freunde des Kalauers: Und wie heißt die zehnte Muse? Antwort: Pampel-!

10/X

Das einzige erhaltene römische Kochbuch – *de re coquinaria* aus der Feder des Apicius – besteht aus zehn Büchern (d.h. ursprünglich: zehn Papyrusrollen). Die Rezepte sind ganz bodenständig, Apicius selbst aber war ein Feinschmecker. Nachdem er 100 Millionen Sesterze für luxuriöse Speisen ausgegeben und „nur" noch zehn Millionen übrig hatte, soll er Gift genommen haben, weil er seinen Lebensstil in Gefahr sah.

11/XI

Rom bekam sein Trinkwasser aus elf Aquädukten. Die erste Wasserleitung war die 312 v. Chr. gebaute Aqua Appia, die letzte die 226 gebaute Aqua Alexandrina. Nach modernen Berechnungen standen jedem Einwohner des antiken Rom theoretisch pro Tag rund 500 l Wasser zur Verfügung – ein Volumen, das in der Neuzeit erst vor ungefähr 60 Jahren wieder erreicht wurde.

12/XII

Das Nationalepos der Römer, die *Aeneis* Vergils mit ihrem Helden Aeneas, umfasst zwölf Bücher. Es beschreibt die Irrfahrten der aus ihrer brennenden Stadt geflohenen Trojaner bis zur Ankunft in Italien als ihrer neuen Heimat. Auch das Werk des spitzzüngigen Satirikers Martial – heute ein beliebter Schulautor – ist in zwölf Bücher mit über 1500 Spottepigrammen gegliedert (Buch XIII und XIV enthalten keine Spottepigramme).

13/XIII

Rom hatte dreizehn große Thermenanlagen. Die größte war die des Diokletian (um 300 gebaut). Die Gesamtkapazität aller Thermen wird auf rund 20 000 Badegäste geschätzt. Der Eintritt war umsonst, auch Sklaven durften, sofern sie die Zeit und die Erlaubnis ihrer Herren dafür hatten, die Thermen nutzen.

14/XIV

Nach der Neuordnung durch Augustus war Rom in 14 Stadtteile (*regiones*) gegliedert. Der 14., am wenigsten dicht besiedelte war *Trans Tiberim*, „auf der anderen Tiber-Seite". Für das antike Rom trifft also nicht zu, was manche moderne Reiseführer gern behaupten: Trastevere ist *nicht* die „Altstadt" Roms.

15/XV

Das bedeutendste mythologische Epos des Altertums, die *Metamorphosen* Ovids, umfassen 15 Bücher. Sagen daraus werden häufig als Schullektüre behandelt, z. B. Daedalus und Ikarus, Orpheus oder die Lykischen Bauern, aber auch die „Vier Weltalter" mit ihrer pessimistischen Geschichtssicht: Danach lebte die Menschheit zuerst im Goldenen Zeitalter, dem Paradies, und geriet dann durch eigene Fehler über das Silberne und Eherne Zeitalter ins moralische Abseits, Eisernes Zeitalter genannt.

16/XVI

Die Aurelianische Stadtmauer, die die Innenstadt Roms seit dem späten 3. Jahrhundert schützte (auf lange Strecken noch heute gut erhalten!), hatte (mindestens) 16 Tore.

17/XVII

Die Gladiatoren waren in 17 Typen eingeteilt, die sich nach ihrer Bewaffnung unterschieden. Zu den auffallendsten gehörten *retiarii*, „Netzkämpfer", und *essedarii*, „Streitwagenkämpfer". Leicht abweichende Zahlen ergeben sich durch Untergruppen.

18/XVIII

Horaz schrieb 18 Satiren. Die berühmteste ist die *Schwätzersatire*, bei der sich der Dichter durch eine menschliche Klette verfolgt sieht, die pausenlos auf ihn einredet und sich einfach nicht abschütteln lässt.

19/XIX

Die Durchschnittsgeschwindigkeit römischer Wagen-Reisender betrug nach Berechnungen moderner Wissenschaftler auf langen Strecken 19 km am Tag – allerdings nur dann, wenn die Pferde regelmäßig an Post- oder anderen Stationen gewechselt wurden.

20/XX

Rund 130 Komödien soll Plautus (255–184 v. Chr.) geschrieben haben; 20 von ihnen sind überliefert, u. a. *Amphitryon* und die Gespenster-Komödie *Mostellaria*, noch heute eine witzige Lektüre im Lateinunterricht.

28/XXVIII

Die Zahl der römischen Legionen war nie konstant. In der Zeit des Augustus waren es maximal 28. Ihre Namen erhielten sie von Regionen (z. B. *Hispana*; *Macedonia*), von besonderen Eigenschaften (z. B. *Victrix*, „die Siegreiche"; *Ferrata*, „die Eiserne") oder von ihrem Gründer (z. B. *Augusta*). Drei Legionen wurden in der Schlacht gegen die von Arminius geführten Germanen im Jahre 9 vernichtet; sie wurden nie wieder aufgebaut.

58/LVIII

Der berühmteste römische Redner war Marcus Tullius Cicero. 58 seiner Reden sind erhalten. Die berühmteste – und immer noch im schulischen Lateinunterricht häufig gelesene – ist die 1. *Catilinaria*. Mit ihr gelang es Cicero allein durch rhetorische Brillanz, den Umstürzler Catilina aus Rom zu verjagen und damit die geplante Verschwörung einzugestehen.

100/C

100 Fuß (29,78 m) waren in der römischen Repräsentativarchitektur eine beliebte Höhe. So misst der Obelisk, der der größten jemals gebauten Sonnenuhr als Uhrzeiger (Schattenwerfer) dient, genau 100 Fuß, und auch die Trajanssäule ist 100 Fuß hoch. Sie zeigt auf einem 187 m langen Reliefband Szenen mit über 2500 Gestalten aus den dakischen Feldzügen Kaiser Trajans (Anfang 2. Jahrhundert). Beide Monumente sind heute noch in Rom zu bestaunen – im Unterschied zu der 100 Fuß hohen Kolossalstatue Neros, die dem benachbarten Amphitheater im Mittelalter den Spitznamen Colosseum gegeben hat.

113/CXIII

Einer der berühmtesten und eigenwilligsten Dichter Roms war Catull. Man könnte ihn sogar als „Protest-Poeten" bezeichnen. Aus seiner Feder sind 113 Gedichte erhalten, darunter auch sehr bissige Epigramme, unter anderem gegen Caesar, aber auch wunderschöne Liebesgedichte auf „seine" Lesbia. Das berühmteste ist *carmen* 85: *odi et amo*..., „ich hasse und ich liebe" – zu Recht noch heute Pflichtlektüre für Lateinschüler!

123/CXXIII

123 Tage dauerte eine Festperiode, die Kaiser Trajan im Jahre 107 mit öffentlichen Spielen füllte (die meisten Römer mussten aber trotzdem arbeiten!). Dabei wurden 10 000 Gladiatoren aufgeboten und bei *venationes* („Jagden") im Colosseum 11 000 Tiere getötet.

147/CXXXXVII

Die Römer hielten sich viel auf ihre *pietas* gegenüber den Göttern zugute; aufgrund dieser „Frömmigkeit", glaubten sie, sei ihnen die Weltherrschaft übertragen worden. Sichtbarer Ausdruck der *pietas* waren 147 Tempel im Stadtgebiet Roms. Die meisten davon (12) besaß Jupiter, den zweiten Rang nahm die

Schicksalsgöttin Fortuna mit 9 ein, den dritten Platz belegten Juno, Hercules und Venus mit jeweils 7 Tempeln.

186/CLXXXVI

Mindestens 186 Amphitheater sind aus der gesamten römischen Welt bekannt. Die Zahl war wahrscheinlich größer; manche Ruinen sind nicht eindeutig zu identifizieren. Das größte (für ca. 50 000 Zuschauer) war das Colosseum in Rom; das Amphitheater von Trier nahm Rang 13 in der Größenordnung, gemessen an der Längsachse, ein, das von Xanten Rang 48.

300/CCC

Der römische Senat, in dem die ehemaligen führenden Beamten saßen, war das angesehenste und in der Zeit der Republik mächtigste politische Organ Roms. Es bestand aus 300 Mitgliedern. Caesar erhöhte die Zahl der Senatoren vorübergehend auf 900; seit Augustus blieb die Zahl konstant bei 600.

400/CD

Im Jahre 61 wurde Pedanius Secundus von einem seiner Sklaven getötet. Das römische Recht sah vor, dass zur Abschreckung alle Sklaven des ermordeten Herrn hingerichtet werden mussten. Im römischen Senat wurde hitzig über das Schicksal der vielen Unschuldigen diskutiert. Aber schließlich siegte das Gesetz: 400 unbeteiligte Sklaven wurden erbarmungslos getötet.

1000/M

Eine runde Zahl, die gern als Größenordnung bemüht wurde: 1000 Verse schreibe ein mittelmäßiger Dichter pro Tag, spottet Horaz. Tatsächlich war die Poesie auch handwerklich so anspruchsvoll, dass hervorragende Dichter nur wenige Verse am Tage „schafften" – und selbstkritisch viele davon wieder wegwarfen. Ebenso wohl nicht ganz wörtlich zu nehmen ist die

Angabe seines Biografen Sueton, Nero sei nie ohne ein Gefolge von mindestens 1000 Wagen gereist.

1200/MCC

Triumphzüge waren große Shows, die von hunderttausenden Römern am Straßenrand verfolgt wurden. Nach seinem Sieg über Makedonien feierte Lucius Aemilius Paullus einen dreitägigen Triumph. Am ersten Tage sollen jeweils 1200 Wagen mit Schilden besiegter Feinde präsentiert worden sein, außerdem weitere 300 Wagen mit Lanzen, Bogen und Wurfspeeren sowie zahlreiche Wagen mit anderen Waffen und Siegeszeichen.

1462/MCCCCLXII

Einer der erfolgreichsten Wagenlenker war Appuleius Diocles. Die wichtigsten Daten in der Karriere dieses Circus-Stars sind inschriftlich überliefert: Von seinen 4257 Rennen gewann Diocles 1462; die Summe seiner Preisgelder belief sich auf über 35 Millionen Sesterze.

4116/MMMMCXVI

Die allermeisten Römer waren arme Leute, die keinen eigenen Sklaven besaßen. Nur wenige Angehörige der Oberschicht verfügten über ein Heer von mehreren hundert Sklaven. Mit 4116 Unfreien war Gaius Caecilius Isidorus (1. Jh. v. Chr.) einer der größten Sklavenhalter im alten Rom. Wir wissen das aus seinem Testament. Zu der „Erbmasse" des Großgrundbesitzers gehörten außerdem 3000 Paar Ochsen, 257 000 Stück Vieh und 60 Millionen Sesterze Barvermögen.

20 000/$\overline{XX}$

Nach dem Bürgerkrieg gegen Antonius kehrte Octavian, der sich nach seinem Adoptivvater „Caesar" nannte, nach Rom zurück. Unter den Gratulanten war ein Bürger mit einem sprechenden Raben: „Sei gegrüßt, Caesar, Sieger und Feldherr!" 20 000

Sesterze „Ablöse" ließ sich der spätere Augustus den Wundervogel kosten. Später steckte ihm jemand, dass der Züchter über einen zweiten sprechenden Raben verfüge. Dem habe er vorsichtshalber beigebracht: „Sei gegrüßt, Antonius, Sieger und Feldherr!" Augustus ließ sich auch diesen Vogel vorführen, fand heraus, dass die Sache stimmte – aber nahm sie dem Opportunisten nicht weiter übel.

80 000/$\overline{\text{LXXX}}$

Die Zahl ist geschätzt, aber die Größenordnung stimmt: Das Netz der römischen Fernverkehrsstraßen umfasste ungefähr 80 000 km. Eine gewaltige Leistung der Römer, die sich in einem sprachlichen Befund bis heute spiegelt: Das deutsche Wort Straße geht auf die lateinische *via strata* zurück, die „bedeckte", d. h. durch mehrere Lagen Stein und Sand gut befestigte Straße.

100 000/$\overline{\text{C}}$

100 000 Sesterze verliere da ein Würfelspieler schon mal am Abend. Um seine Sklaven aber vernünftig zu kleiden – dafür habe er angeblich kein Geld. Die Kritik des Satirikers Juvenal mag im Hinblick auf die Größenordnung des Verlustes übertrieben sein – von dem Betrag hätte eine Arbeiterfamilie jahrzehntelang leben können –, aber die hemmungslose Spielsucht vieler Römer bringt der Dichter damit gut auf den Punkt. Die meisten würfelten um Geld – obwohl das bis auf das Saturnalienfest, den römischen „Karneval" gleichsam, streng verboten war. Aber die Polizei schritt selten ein – nicht zuletzt deshalb, weil auch viele hochgestellte Menschen und sogar Kaiser dem Glücksspiel verfallen waren.

150 000/$\overline{\text{CL}}$

Seit der Regierungszeit des Augustus bezogen 150 000 Menschen in Rom unentgeltlich monatliche Getreiderationen. Diese „Sozialleistung" reichte aber für ein arbeitsfreies Leben in keiner Weise aus; auch die Getreideempfänger mussten für ihren Lebensunterhalt und den ihrer Familien einer Erwerbsarbeit nachgehen.

1 000 000/|X̄|

Für seine Tragödie *Thyestes* erhielt der Dichter Lucius Varius Rufus im Jahre 29 v. Chr. ein Honorar von einer Million Sesterze. Obwohl auch die Verfasser der deutlich beliebteren Komödien von den Ausrichtern der Theaterspiele gut entlohnt wurden, war das die höchste Gage, die ein römischer Schriftsteller je für ein einziges Stück erhielt. Seine Tragödie wurde im Altertum sehr gelobt. Ob sie allerdings eine Million wert war, können wir nicht sagen: Der *Thyestes* ist nicht überliefert.

14. Teuflische Verse, magische Quadrate und Makkaroni-Poesie – Sprachspielereien auf Latein

Palindrom? Nie gehört! Man muss das Wort auch nicht kennen. Es stammt aus dem Griechischen und bedeutet „rückläufig" – und zwar in Bezug auf eine Buchstabenfolge, die nach hinten wie nach vorne gelesen denselben – oder auch einen anderen Sinn – ergibt. Einfache Beispiele dafür sind die deutschen Wörter „Otto" und „Nebel" als Umkehrung von „Leben". Weniger wissenschaftlich, aber eingängiger kann man von einer spiegelbildlichen Abfolge von Buchstaben sprechen.

Bei normalen Wörtern beruht das auf Zufall. Nur augenzwinkernd lässt sich dort ein tieferer Sinn hineingeheimnissen – etwa dass sich mit der Vor- und Rückwärtslesbarkeit ein besonderer Nachdruck oder eine Art Unendlichkeit verbinde. Dann wäre in einem energischen *ede*, „iss!", ein dezenter Hinweis auf den unersättlichen Hunger des anderen enthalten und in der Feststellung *sitis*, „du dürstest", ein Signal auf einen kaum zu löschenden Durst. Ein *oro*, „ich bitte, bete", wäre dann gewissermaßen ein deutliches Ausrufezeichen hinter der Bitte oder dem Gebet, ein kurz angebundenes *ibi*, „dort", ließe keinen anderen Ort zu und ein fast herrisches *ama*, „liebe!", brächte die Totalität und Unbedingtheit der Liebe zum Ausdruck. All diesen Deutungen schmettern wir ein kompromissloses *non* entgegen, „(so ist es) nicht!"

Ob nicht doch *eme*, „kauf!", einen versteckten Konsumterror ausdrückt? Schließlich soll die Wirtschaft ja ordentlich in Schwung kommen. Das war indes bei den Römern kein wichtiges politisches Anliegen – und damit fällt die Deutungsspekulation in sich zusammen. Aber *esse*, „sein" – ist das nicht doch eine Chiffre für die Unendlichkeit unserer Existenz? Auch das eine Interpretationsrechnung ohne den römischen Wirt: Die römische Staatsreligion sagte nichts zu einem Weiterleben nach dem Tode. Wem daran lag, den verwies sie ganz tolerant auf einen (zusätzlichen) „Privatkult". Unsere Skepsis gilt erst recht für ein schlichtes *sumus*, „wir sind" – Zufall, kein Programm! Bedenkenswerter schon eher, dass sich – wenn auch ohne „Absicht" der Sprache – in *summus* Aufstieg und Fall spiegeln könnten. Vorwärts gelesen, ist es „der Höchste", rückwärts gelesen, ergibt sich *sum mus*, „ich bin ein Mäuslein".

Ein kleiner Palindrom-Baukasten

Bevor wir zu Sprachspielereien mit mehreren Wörtern und ganzen Sätzen kommen, bieten wir Interessierten (*interesse*, „geistig dazwischen sein") ein munteres Rätselspiel in Sachen Palindromen an. Wer unsere – zugegeben: etwas komplizierten (*com-plicare*, „zusammen wickeln") – Anleitungen befolgt, wird 13 weitere Palindrome entdecken, 9 Einzelwörter und 4 aus je zwei Wörtern bestehende. Wir wünschen viel Rate-*sucus* („Saft", „Kraft").

1. Opferort – oder Befehlsform einer bäuerlichen Tätigkeit
2. Teil eines Bauwerks im Akkusativ Singular; das Deutsche hat diesen Teil als Lehnwort übernommen.
3. Wenn sich welche im Dativ außerordentlich ähnlich sind
4. Wenn jemand uns in Zukunft schützt
5. Worauf man – von vorn und von hinten? – sitzen kann – oder was du darauf tust
6. Wenn jemand Pferd und Esel zugleich in den Akkusativ setzt
7. Wie Geschäftstüchtige künftig vom Geld anderer sprechen
8. Obwohl Plural, fühlt man sich dabei auch im Akkusativ allein
9. Wie der Liebhaber für seine Angebetete beim Küssen den Arm nutzt

10. Gruß an die erste Frau
11. So hört sich der Kampfruf „Mein Bauch gehört mir!" in palindromischem Latein an
12. Auch der freie Geist stößt gelegentlich daran
13. In Zeiten, als Eltern und Lehrer noch zuschlugen, konnten sie dich so zum Schutz gefährdeter Körperteile warnen

Auflösung am Ende des Buchs.

Ottos feuchtes Tuch und Mückensterben – und umgekehrt das Gleiche

Von Palindromen geht eine gewisse Faszination aus. Nicht nur auf Lateiner, aber auch – und vielleicht sogar gerade – auf sie. Wie man heute mit Computern alles Mögliche ausprobiert, so richtete sich in der Vergangenheit der Ehrgeiz manches Sprachbegeisterten darauf, möglichst aussagekräftige und lange Palindrome zu erzeugen. Wir präsentieren einige davon.

Unsere Nr. 1 ist das perfekte Sonnenbad: *sol attigit talos* – wer die Probe macht, stellt fest, dass es – Wortgrenzen spielen bei diesen Spielereien keine Rolle – aufs Gleiche hinausläuft: „Die Sonne hat die Knöchel berührt". Schon aus der Antike stammt ein anderes Sonnen-Palindrom: *sole medere, pede ede, perede melos*. Nicht völlig sinnfrei – das ist Voraussetzung für ein „echtes" Palindrom –, aber doch nicht wirklich der Hit; denn man merkt die palindromische Absicht: „Heile mit der Sonne, mach dir mit dem Fuß (mit Wandern) Appetit (schlichter: „iss mit dem Fuß"), veröffentliche (dann) deine Werke". Unser Eindruck: Eher artifiziell (*ars*, „Kunst") als originell (*origo*, „Ursprung") – wird aber immer wieder gern zitiert.

Zu den künstlerisch anspruchsvollsten Palindromen gehört „Ottos feuchtes Tuch"; denn es zwingt das Spiegelbild zusammen in einen Vers. Der Hexameter heißt: *Otto tenet mappam, madidam mappam tenet Otto.* „Otto hält ein Tuch, ein feuchtes Tuch hält Otto."

Inhaltlich etwas aussagekräftiger, allerdings nicht ohne eine gewisse realistische Brutalität ist der „Mückentango": *In girum imus nocte et consumimur igni.* „Wir fliegen nachts in den (Licht-)Kreis und werden vom Feuer verzehrt."

Christliche Standhaftigkeit wird belohnt; gegen die Bekreuzigungsabwehr hat der Versucher keine Chance: *Signa te! Signa! Temere me tangis et angis.* „Bekreuzige, bekreuzige dich! Ohne Plan (vergebens) berührst und ängstigst du mich."

Aus Kidnapper-oder Piraten-Mund kommt folgendes Angebot: *Si nummi, immunis* (zu ergänzen: *eris*). „Wenn Geld (fließt), (wirst du) frei (sein)."
    Freilich ist in diesen Kreisen Latein nicht allzu weit verbreitet. Anders dagegen in Justitias Reich – und trifft das Palindrom dort nicht bestens auf manche „Deals" zu, bei denen sich Strafverfolgung oder Freiheitsstrafe gegen die Zahlung eines hohen Lösegelds, Pardon: einer hohen Geldstrafe erübrigt?

Pardon, dass wir kurz auf das Pardon zurückkommen. Das leitet sich vom spätlateinischen *perdonare* ab, „durch und durch schenken": Wer „pardon" sagt, hofft also sozusagen, dass der andere denkt oder sagt: „geschenkt!"

Adam und Eva müssen Durst, der Schulmeister Härte ertragen

Bei unserer Auswahl wird nicht recht deutlich, wie sehr manche Sprachartisten das Palindrome-Schmieden als Herausforderung gesehen und angenommen haben. Es gibt ganze Gedichte mit etlichen Versen, die nur aus solchen Spiegelbild-Zeilen bestehen. Das längste ist das Huldigungsgedicht eines gewissen Johannes a Lasco auf seinen Landesherrn: Sage und schreibe 58 Verse lang. Vermutlich hat der gute Johannes monatelang daran gefeilt – und seine Leser damit vor Verständnis-Herausforderungen gestellt, die fernab jeder Zumutbarkeit liegen...

Wir begnügen uns mit ein paar abschließenden Einzeilern. Zwei von ihnen widmen sich dem Durst – kein Zufall, da *sitire*, „dürsten", gleich zwei palindromische Formen bildet: *sitis*, „du dürstest", und *sititis*, „ihr dürstet". Ein „Mega-Thema" für christliche Poeten: der Sündenfall. Ihm – oder besser unser aller Durst nach Erlösung – ist das folgende Palindrom gewidmet: *Sumitis a vetitis; sitit is, sitit Eva, sitimus.* „Ihr pflückt vom Verbotenen; er (Adam) dürstet, Eva dürstet, (wir alle) dürsten."

Vor allzu großem Durst – gemeint ist natürlich nicht Spirituelles, sondern „Sprit-Haltiges" – warnt dieser *versus diabolicus*, „Teufelsvers" – so die lateinische Bezeichnung für solche „unheimlichen" Umkehr-Verse: *Mitis ero, retine leniter ore sitim!* „Ich werde nachsichtig sein; halte du (nur) maßvoll deinen Durst vom Munde zurück!"

Übrigens auch für Schulmeister ein geeigneter „Spruch", wenn Schüler im Unterricht pausenlos an ihrer Trinkflasche nuckeln oder ständig einen Schluck daraus nehmen zu müssen meinen! Ob er hilft, bleibt abzuwarten – nicht nur, weil er lateinisch daherkommt, sondern weil, wie man weiß, Disziplin (*disciplina*, „Unterricht", „Erziehung", „Zucht") nicht gerade „in" ist. So dass dem geplagten (*plagare*, „schlagen", „peinigen") Lehrer nur noch die resignierende (*resignare*, „verzichten") palindromische Selbstaufforderung bleibt: *Subi dura a rudibus!* „Ertrage Hartes von ungezogenen Rohlingen!"

Vielleicht gelingt es im Laufe der Zeit ja doch, diesen „Rohlingen" zumindest im Lateinunterricht *das* Gefühl für Rom und seine Sprache einzuimpfen (*inputare*, „hinein schneiden"), das sich als rückwärts gelesener Deckname der Ewigen Stadt ergibt: Aus ROMA wird AMOR.

Rom und die Liebe, der Sämann und seine Werke

Wir kommen zu einer Sonderform des Palindroms: den magischen Quadraten. Zwei davon sollen ausreichen, darunter immerhin das berühmteste und rätselhafteste überhaupt. Beginnen wir mit einem, das die beiden gerade erwähnten Wörter enthält:

>MARE
>AMOR
>ROMA
>ERAM

„Meer, Liebe, Rom, ich war" (oder: „die Herrin" im Akkusativ) – eindeutige Bestandteile, aber kein durchgehender Sinn und schon gar keine grammatische Verbindung zwischen den vier Wörtern. Der Reiz dieses Quadrats besteht also nicht aus seinem Inhalt, sondern in seinem quadratischen Konstrukt: Es lässt sich waagerecht und senkrecht in doppelter Richtung lesen. Wo immer man anfängt – stets ergeben sich MARE, AMOR, ROMA und ERAM.

Von noch ganz anderer Qualität ist das grandiose Satorquadrat. Es handelt sich, wissenschaftlich exakt gesprochen, um ein Palindrom in vierter Potenz. Und es sieht so aus:

>SATOR
>AREPO
>TENET
>OPERA
>ROTAS

Im Unterschied zum ersten ergibt dieses Superquadrat sogar einen Sinn: „Der Sämann Arepo hält mit Mühe die Räder". Dieser Satz ergibt sich gleich achtmal – nämlich von allen vier Ecken aus in waagerechter und senkrechter Richtung.

Höchst beeindruckend! Offenbar fand man das im Altertum auch schon; denn die „Wunder-Formel" ist rund ein Dutzend Mal überliefert, vielfach auch als Graffito, ganz oder zum Teil. Unter anderem fand es sich in Pompeji an Mauern geschrieben, auf einem Ziegel in einem Statthalterpalast in Pannonien, in einem Soldatenlager am Euphrat, und selbst im römischen Britannien ist es bezeugt.

Waren das nur Kritzeleien von Menschen, die einfach Spaß an dem seltenen Buchstaben-Spiel hatten? So einfach kann es doch nicht sein, fanden viele – Gelehrte und Hobby-Forscher – und machten sich auf die Suche nach dem tiefen Sinn des Satorquadrats. Mittlerweile lassen sich mit den zahllosen Untersuchungen darüber ganze Bibliotheken füllen. Selbst im renommiertesten und ausführlichsten Antike-Lexikon, der „Real-Encyclopädie", kurz RE, findet sich im letzten Ergänzungsband von 1978 ein langer Artikel zu dem geheimnisvollen Quadrat. 44 Seiten ist er lang!

Das Rätsel des Satorquadrats – Spekulationen und Lösungen

Die Vollkommenheit des Satorquadrats beflügelt die Phantasie der Interpreten enorm. Da gibt es welche, die den gesamten Buchstabenbestand (25 im Ganzen, 8 verschiedene) als Steinbruchmaterial für ihre Spekulationen nehmen und aus dem durcheinander gemischten Buchstabensalat neue Sätze zusammenstellen. Anagramme nennt man solche Neuverwertungen einer Buchstabenmasse. Mindestens 15 sinnvolle lateinische Sätze lassen sich aus dem Satorquadrat „schnitzen" – wobei für „sinnvoll" ein weit gezogener Rahmen gilt.

Anderen Deutern ist aufgefallen, dass sich in der Mitte des rätselhaften Quadrats ein TENET-Kreuz ergibt. Das muss doch etwas Christliches sein, spekulieren sie und ergänzen, dieses TENET „halte" sozusagen Christus am Kreuz. Das Satorquadrat als eine Art christliches Codewort? Aber was hat der Rest damit zu tun?

Und vor allem: Mit großer Wahrscheinlichkeit ist das Satorquadrat älter als das Christentum. Es ist jedenfalls in Pompeji schon bezeugt, als es dort noch gar keine christliche Gemeinde gab. Damit sind die christlichen Deutungen, zumindest was den Ursprung des Quadrats angeht, ausgeschlossen. Allerdings stößt auch das „Sämann-Arepo"-Verständnis auf erhebliche Zweifel. Zum einen, weil der Sinn des Satzes nicht gerade das ist, was man heutzutage gern einen „Bringer" nennt. Und zum zweiten, weil AREPO nur hier bezeugt ist. Nirgendwo anders ist dieser Name überliefert. Hart formuliert: Das Wort gibt es im Lateinischen überhaupt nicht. Seltsam, seltsam. Da muss dann wieder irgendeine magisch-geheimnisvolle Bedeutung her: Vielleicht eine kryptische Anspielung, die nur Eingeweihte verstanden?

Manche Wissenschaftler sehen die Lösung ganz woanders. Sie gehen von einer beabsichtigten Zick-Zack-Lesung des Quadrats aus. „Bustrophedon" heißt das im Fachjargon, „so wie der Ochse pflügt". AREPO müsse man von hinten lesen – und das ergebe ein sinnvolles OPERA. Also zweimaliges OPERA? Ja, aber nicht in einem durchgehenden Satz, sondern in der Dopplung einer kürzeren Aussage. Das mittlere TENET ist sozusagen der Dreh- und Angelpunkt, um den herum sich die doppelte Aussage entfaltet: SATOR OPERA TENET; TENET OPERA SATOR.

Der Vorteil liegt auf der Hand. Der merkwürdige, sonst unbekannte AREPO wäre eliminiert (d. h. „außerhalb der Deutungs-„Schwelle"; *e-liminare*, „von der Schwelle entfernen") und ebenso die – in der Realität nicht nachweisbaren – „Räder" eines „Säwagens". Der SATOR wäre als der „große Sämann" zu verstehen, der alles erschaffen hat – und der seine „Werke" (er)hält. „Der Schöpfer hält/erhält seine Werke" – das ist eine taugliche „Weltformel" – auch wenn sie eigentlich nicht mehr besagt, als dass die Welt so existiert, wie sie ist. Für diese Aussage gibt es – freilich etwas differenziertere – Parallelstellen in der antiken Philosophie.

Mit dieser Botschaft des magischen Quadrats können sich wohl auch Christen anfreunden, indem sie den SATOR mit dem christlichen Schöpfergott identifizieren. Und dann hätten auch all die vielen Talismane, Amulette, In- und Aufschriften, die in den letzten 2000 Jahren die „Zauberkraft" der Satorformel für Gesundheit und Reichtum, erfüllte Liebe, beruflichen Erfolg und andere Formen des Glücks nutzen wollten, ihre zumindest subjektive Berechtigung gehabt.

Eines jedenfalls wird auch künftig bestehen bleiben: Die Faszination, die von der sprachlich-mathematischen Raffinesse des Satorquadrats ausgeht. Nicht zufällig verstanden die Römer unter *fascinare* ein „Verhexen", „Verzaubern", das auch von magischen Formeln ausging. Warum also nicht auch von sprachlichen Wunderwerken?

Quisquis habet Schaden ...
Verse „nudeln" auf hohem Niveau

Von der Magie zur Komik – so weit ist der Weg zwischen beiden oft ja gar nicht. Und auch eine andere Parallele trägt: Die Makkaroni-Verse, denen wir uns jetzt zuwenden, sind ebenso Sprachspielereien und kleine sprachliche Kunstwerke wie das, was wir bisher besprochen haben.

Merkwürdiger Name: „Makkaroni-Verse". Er leitet sich ab vom Helden der ersten größeren Dichtung dieser komischen Gattung, einem Makkaroni-Hersteller aus Padua. Makkaroni-Verse sind Mischmasch-Schöpfungen aus zwei unterschiedlichen Sprachen. Elemente dieser beiden Sprachen werden willkürlich-spielerisch miteinander kombiniert. Das können Wörter sein, aber auch nur Wortbestandteile oder Endungen. -*um* daran gehängt, und schon wird aus dem deutschen „Fahrrad" ein lateinisches *fahrradum*; angehängtes -*a* macht aus deutscher „Wurst" eine lateinische *wursta*...

Am besten zeigen wir das mal an einem Beispiel auf. Die „Latinisierung" des bekannten deutschen Sprichwortes geht so: *Quísquis habét* Schadén, *pro* Spótt *non* sórge*re* débet. Die Betonungszeichen verdeutlichen, dass es sich um einen Hexameter handelt; „Schaden" und „Spott" bleiben deutsch; „sorgen" wird mit einer lateinischen Infinitivendung geadelt.

Die Hoch-Zeit der makkaronischen Dichtung fällt in die Renaissance. Eine geistreiche Nudel-Spielerei setzte voraus, dass die Leser beide Sprachen beherrschten, die Gelehrten- und Dichtersprache Latein und die jeweilige Volkssprache – also Deutsch, Italienisch usw. Und dass sie die antike Literatur gut kannten, die die makkaronische Dichtung gern parodierte oder jedenfalls in vielen Anspielungen als Basis voraussetzte. Der Makkaroni-Ulk ist häufig viel anspruchsvoller und voraussetzungsreicher, als es auf den ersten Blick scheint. Selbst bei der „Kölner Fastnachtsdichtung" ist Vergil mit dem Anfang der „Aeneis" präsent:

Jungfras weibrasque singam, *quae possunt corpore* schoeno *et* wortis blickis*que* behexere menschulos jungos. „Ich will die Jungfern und Weiber besingen, die können mit ihrem schönen Körper und Worten und Blicken junge Menschlein behexen."

Außer *quae possunt corpore* sowie lateinischen „und"-Bildungen (*et*; -*que*) sind alle Wörter deutsch – aber mit „edlen" lateinischen Endungen versehen.

Etwas Schlichteres gefällig? Bitte sehr: Geschenktem Gaulo *haud debes inspicere* Maulo, „einem geschenkten Gaul darfst du nicht ins Maul schauen". Oder eine spezielle Steigerungsübung für Weinfreunde: *Est bona vox*: Hol Wein! *Melior*: Schenk ein! *Optima*: Trink aus!" „Ein gutes Wort ist: Hol Wein! Ein besseres: Schenk ein! Das beste: Trink aus!" Ein „offizieller" Makkaroni-Vers schmückt sogar das Rathaus von Basel: „Pfaff: *supplex ora*, Fürst: *protege*, Baurque: *labora*!" Der Pfaffe soll inständig beten, der Fürst (die Stadt) beschützen und der Bauer arbeiten.

Der Gelehrte und das Mädchen – Mischgedicht ohne und mit Moral

Nicht selten lässt sich mit den Nudeleien Anstößiges abmildern und augenzwinkernd ins Lächerliche ziehen. Welcher sittenstrenge Zensor wird sich nicht von einem Misch-Gedicht wie dem folgenden becircen lassen?

Exibat olim logicus in einen grünen Wald;	Einst zog ein Gelehrter hinaus
Videbat pulchram virginem von reizender Gestalt.	er sah ein schönes Mädchen
"O salve, virgo mea, du schönes Engelein;	„Sei gegrüßt, mein Fräulein,
Si vis cum me componere – wir sind ja ganz allein."	wenn du dich zusammen mit mir hinlegen willst,
Non fecit multa verba, sie legten sich ins Gras,	Er machte nicht viele Worte,
Mirabile fecerunt, ich darf nicht sagen, was.	sie taten Wunderliches,
At postquam consederunt, da schauten sie sich an	Aber als sie sich wieder hingesetzt hatten,
et inter se dixerunt: „Das hat uns gut getan!"	und sagten zu einander:
Et anno post peracto da kriegte sie ein Kind:	Und nachdem ein Jahr um war,
Vidisti, quid fecisti in einem Jahr geschwind.	Da sahst du, was du getan hast
Hoc carmen composuerat ein lustiger Student,	Dieses Gedicht hat(te) geschrieben
Qui multos pullos fecerat mit seinem Instrument.	der viele Kinder gezeugt hat(te)

Doch da hören wir sie schon lärmen – die Edel-Lateiner und strengen Hüter gediegener humanistischer Bildung. „Igittigitt", schreien sie. „Unerhört! Wo bleibt denn die „richtige" lateinische Dichtung? Die Klassiker, die doch das eigentliche Bildungsgut darstellen?!"

Gemach! Keine Aufregung! Im „richtigen" Lateinunterricht wird davon soviel vermittelt, dass wir hier doch auch mal der leichten Sprach-Muse ein bisschen Raum geben dürfen. Zumal sie ja zeigt, wie die *regina linguarum*, die „Königin der Sprachen", auch zu anspruchs-, humor- und reizvollen Sprachspielereien geradezu einlädt.

Und wenn ihr das nicht kapiert (*capere*, „fassen"), dann seid wenigstens ruhig und lasst den anderen ihren Spaß! Sonst machen wir mal eine deftige Makkaroni-Anleihe beim Baron von Münchhausen: Totschlago *vos* sofortissime, *nisi vos* benehmitis *bene*!

15. Wo Mars Kraft gibt und Rex-Pils „das" wahre König der Biere ist – Werbungslatein im Supermarkt

Lerne Französisch – und du kannst dir in Frankreich im Supermarkt Brötchen kaufen! *Das* Billig-Argument zieht immer, wenn Französisch-Lehrer vor Schülern und Eltern die Vorteile ihres Faches vorstellen. Auch in französischen Geschäften sind zwar die Brötchen oft in Tüten verpackt, so dass man ihrer ohne ein einziges Wort habhaft werden kann, und in der Bäckerei tut's zur Not auch der Zeigefinger. Aber geschenkt. Wer Französisch lernt, kann in Frankreich besser shoppen. Apropos „shoppen": Wie man hört, kommt man dort in Touristengebieten auch mit Englisch ganz schön weit. Aber psst! Bloß nicht verraten!

Lateinkenntnisse bringen dagegen im Supermarkt nichts. Sollte man meinen, ist aber ein Irrtum. Und das nicht nur, weil der Supermarkt selbst ganz und gar lateinstämmig ist: *super*, „über", „darüber" – nämlich mit seinem Angebot weit über den schlichten Tante-Emma-Läden rangierend – und „Markt" als Lehnwort zu lateinisch *mercatus*, „Markt". Was sich auf den englischen *supermarket* und den französischen *supermarché* problemlos übertragen lässt. Haben wir eigentlich schon milde lächelnd darauf hingewiesen, dass Französisch eine Tochtersprache des Lateinischen – überheblich formuliert: so eine Art „Spätlatein" – ist und die Kenntnis der Mutter eine sehr hilfreiche Einübung im Umgang mit der Tochter ist? *Das* „vergessen" Französisch-Lehrer in der Vorstellung ihres Faches gern...

Zurück zu unserem „nicht nur". Was ist mit dem zu erwartenden „sondern auch"? Hier kommt es: Es gibt im modernen Supermarkt auch überraschend viele Produkte (*producere*, „hervorbringen"), die einen lateinischen Namen tragen, z.T. sogar ganze Produktlinien (*linea*, „Schnur"; „Reihe"). Wohlklingende, eingängige Namen – den Sinn dahinter aber versteht nur, wer über Lateinkenntnisse verfügt.

Premium-Produkte – ganz und gar Latein

Die Firma Langnese geht mit einem „Magnum" ins Rennen – einem Eis, das sich selbst als das „Große" anpreist. Für Kleinere, genau gesagt: ganz Kleine, gibt es „Alete". Das leitet sich von *alere*, „nähren", ab und soll wohl bedeuten „nährt (die Kinder)!" Schade nur, dass der richtige Imperativ *alite* heißt. Aber wir erkennen wenigstens den guten lateinischen Willen an. Für deutlich Ältere lockt im Bierregal das „Rex Pils". Hatte nicht mal die Königs-Brauerei für „das" König der Biere aus ihrem Hause geworben? Der wahre „Bierkönig" aber ist „Rex Pils" (*rex*, „König"). Bleiben wir beim Bier. Auf „Premium"-Biere stoßen wir in großer Zahl; deshalb hat Warsteiner mit „Verum Premium" lateinisch noch eins draufgesetzt: das „wahre (*verus*) preisgekrönte" Bier. Allen Premium-Produkten ist gemeinsam, dass sie sich als kulinarische „Auszeichnung", „als „Vorzug" (*praemium*) gegenüber Normalprodukten verstehen. Und uns das auch im Preis (Lehnwort zu *pretium*) spüren lassen.

Latein kommt aber nicht erst ins Spiel, wenn Alkohol dabei ist. Sinalco definiert sich (*de-finire*, „ab-grenzen") als das genaue Gegenteil. *sine* heißt „ohne", Sin-alco ist also ein Getränk „ohne Alkohol". Wie auch Bonaqua. Das vom Coca-Cola-Konzern vertriebene Mineralwasser ist, wie es für eine Weltmarke nicht anders sein kann, *bona aqua*, „gutes Wasser". Wer's trotzdem nicht mag, der sei auf Multivitaminsäfte hingewiesen. Sie enthalten „viele" (*multi*) „lebens (*vita*)wichtige" Stoffe. Die Römer kannten zwar noch keinen Kaffee. Aber das hat die Münchner Delikatessen-Firma Dallmayr nicht davon abgehalten, ihre Edelmarke „*pro domo*" zu nennen, „für das Haus". Stichwort „Delikatessen" – das sind, wenn auch in französischer Verkleidung, Lebensmittel, die besonders „erfreuen" (*delectare*).

Lebensmittel dienen dem (Über-)Leben. Und das heißt lateinisch *vita*. Kein Wunder, dass Hersteller gern mit edlen lateinischen *vita*-Produkten auf der Gesundheitswelle reiten. Die

Discounter-Kette (*dis* + *computare*, „ab-rechnen"; „Kette" ist ein Lehnwort zu *catena*) Plus hat eine ganze Produktpalette namens „Viva Vital" im Angebot. Damit sollen gesunde Lebensmittel hoch „leben" (*vivere*). Grammatisch ein bisschen gewöhnungsbedürftig, aber egal, man versteht, was gemeint ist und wie sehr Plus um das gute und gesunde Leben der Konsumenten (*consumere*, „verbrauchen") besorgt ist. Und um ihren Geldbeutel: *plus* heißt „mehr" und bedeutet wohl programmatisch, dass man hier mehr fürs Geld bekommt – und nicht etwa, dass man hier mehr bezahlt.

„Vita" auch anderswo. Es gibt gesundes Brot namens „Vitapan" (*panis*, „Brot") und – das Beste auch nur für unsere animalischen (*animal*, „Tier") Hausgenossen! – „Vitakraft", Tiernahrung für ein dank „Vita" langes und gesundes Leben. Und was ist mit „Aquavit"? Auch ein „Lebenswasser" – Wasser aber nicht im chemischen Sinne von H_2O, sondern ein ziemlich hochprozentiger Kümmelschnaps. Die kleinen Erdenbürger müssen indes eine Zeit lang mit „Bebivita" vorlieb nehmen, einer Leben spendenden Folgemilch nach der Muttermilch. Eine Konkurrenzfirma bietet Babynahrung unter dem Label „Humana" an. Ein bisschen einfallslos, finden wir, aber vielleicht in Abgrenzung zu „Vitakraft" notwendig zu betonen, dass es hier um „menschliche" (*humanus*) Lebensmittel geht?

Duplo für den Bauch, Dentagard für die Zähne, Labello für die Lippen

In der Süßwarenabteilung stoßen wir auf nur wenige lateinische Produktnamen: „Amicelli" sind „kleine Freunde" (Grundwort: *amicus*, „Freund") und „Duplo" macht im Namen klar, dass es sich um eine „doppelte" (*duplex*) Füllung aus Keks und Schokolade handelt. Und dann natürlich „Mars"! Der Namensgeber des Riegels ist der römische Kriegsgott gleichen Namens. Jeder, der sich diesem Riegel anvertraut, so verheißt uns die Bezeichnung, wird so stark und mächtig wie er. „Monchéri" wollen wir zwar dem Französischen nicht absprechen – und doch, wenn man's genau bedenkt: Es waren die Römer, die im 1. Jahrhundert v. Chr. die Frucht aus dem Schwarzmeerraum in Europa heimisch machten, sie *cerasus* nannten – und damit nicht nur zu „Erfindern" des *chéri*, sondern auch der englischen *cherry* und der deutschen „Kirsche" wurden.

Über manche Sprachgeschichten kann man sich nur wundern. Das Substantiv „Wunder" klingt noch positiver. Auf lateinstämmige Wunder stoßen wir hier und da auch im Supermarkt. „Miracoli", die „Wunder"-Nudeln, gehen auf lateinische *miracula* („Wunder") zurück und ebenso „Mirakel-Whip", das uns die Firma Kraft als „wunderbare" Salatcreme empfiehlt.

Wir begeben uns jetzt in die Hygiene-Abteilung und werden in zahlreichen Regalen (wahrscheinlich von *regula*, „Leiste", „Regel") Latein-fündig. Color-Waschmittel sind für Buntwäsche (*color*, „Farbe") vorgesehen, „Lenor" ist – *lenis*, „sanft", „weich", stand Pate – ein „Weichspüler", „Calgonit" dagegen ein Entkalker, auch wenn er nur auf „Kalk" (*calx*) hinweist. Zahncremes und Zahnbürsten sind stark lateinlastig. Was mit „-dent" gebildet wird, ist für die Zähne (*dentes*): „Blend-a dent", „Perlodent", „Dentagard", „Diadent". „Oral B" nimmt eine größere „Einheit" ins Visier (*videre*, „sehen"): *os*, Stamm *or-*, ist der „Mund". Für das Wohlgefühl ein Stückchen weiter draußen gegenüber den Zähnen sorgt, der Name besagt es grammatisch korrekt, „Labello", „für die Lippe" (*labellum*). Mundgeruch bekämpft „Odol"; sprachlich erinnert es allerdings nur an den „Geruch" (*odor*), nicht an dessen Bekämpfung.

Das bringt uns auf das „Deodorant", zwar kein Firmenname, aber ein Produkt, in dem ebenfalls *odor*, „Geruch", vorkommt. Die Vorsilbe *de-* heißt „weg"; ein Deodorant ist also ein „Geruch-Wegmacher". Dürfen wir auf Verständnis für unser Unbehagen an der Kurzform „Deo" hoffen? Sie ist sprachlich sinnlos, weil sie den Stamm von *odor* (mindestens *od-*; eigentlich *odor-*) ignoriert (*ignorare*, „nicht kennen") und jedenfalls für den etwas pedantischen Lateiner den Eindruck erweckt, diese segensreiche hygienische Erfindung sei nur etwas „für Gott": *Deo* ist Dativ von *deus*, „Gott".

„Hausgötter" oder „schneeweiß"? – Kampf der Hautcremes

Besonders römisch geht es bei der Hautpflege zu. Die „Penatencreme" vertraut auf die besondere Heilkraft der „Hausgötter". So hießen die Schutzgötter jeder römischen Wohnung, die „tief drinnen" (*penitus*) im Hause über die Familie wachten. „Nivea", ursprünglich eine Konkurrenzcreme, jetzt eine ganze Produktlinie von Beiersdorf, hat ihren Namen von ihrer „schneeweißen" Farbe: *niveus* ist das Adjektiv zu *nix*, „Schnee" – und eigentlich müsste die „Schneeweiße" *nívea* betont werden. Gibt der etwas penetrante („aufdringlich", „eindringlich", vom Verb *penetrare*, „eindringen"; vgl. vorhin *penitus*) Lateiner zu bedenken. Wer diese Besserwisserei nicht mehr hören will, nehme Zuflucht zu „Ohropax", „Frieden (*pax*) für das Ohr". Sehr elegant gebildet, das „Ohro-"! Eine lateinische Dativendung an das deutsche „Ohr" gehängt! Aber was ist eigentlich mit dem zweiten Ohr? Fragt erneut der aufsässige Latein-Pedant. Na ja, ein bisschen Schwund ist immer: „Ohris-pax" klingt nicht so vertrauenerweckend.

Und nun zur Hygiene-Papier (*papyrus*, „Papier")-Abteilung! Dort werden wir in jeder Hinsicht verwöhnt. Auch lateinisch. „Servus" drängt sich uns auf, für ein paar Euro unser Hintern-„Sklave" (*servus*) zu sein; „Zewa moll" verspricht ein weiches (*mollis*) Abwischerlebnis, „Regina Kamillenpapier" preist sich als „Königin" (*regina*) der WC-Papierrollen an; bei „Hakle plus" stutzen wir allerdings ob der Drei-Lagigkeit; da hätten wir vom Namen her doch deutlich „mehr" erwartet. Vom Po zur Nase: Auch dort brauchen wir Papier, erst recht wenn ein Schnupfen uns im Griff hat. Da muss es dann manchmal schnell gehen, und auf eben dieses Tempo setzt „Tempo" (*tempus*, „Zeit"). Der

Markenname wurde in den Zwanzigerjahren des 20. Jahrhunderts erfunden, um für die damit verbundene Zeitersparnis – die Kochwäsche benutzter Taschentücher war sehr zeitaufwendig! – zu werben. Ein echtes Kind einer dynamischen, vorwärts drängenden Zeit.

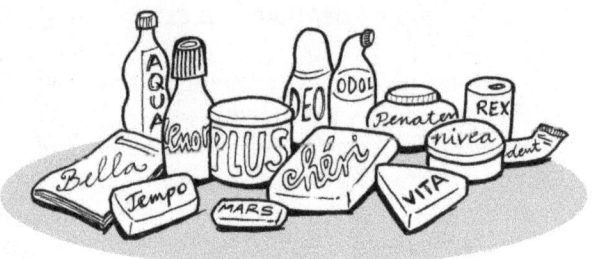

Noch ein paar verstreute Supermarktprodukte, bevor wir am Ende noch einen kleinen Abstecher zu „lateinischen" Autos machen. Wir kommen an „Sanitas"-Produkten wie Waagen, Heizkissen und Blutdruckmessern vorbei. Das alles dient unserer „Gesundheit" (*sanitas*). Sie hat sich auch der Sportausrüster „Asics" auf die Fahnen geschrieben. Der Firmenname ist die Abkürzung für **a**nima *s*ana *i*n *c*orpore *s*ano, „ein gesunder Geist in einem gesunden Körper" – so die berühmte Wunsch-Formulierung des römischen Dichters Juvenal, die ehedem die Fassade manches humanistischen Gymnasiums schmückte. Aber halt, ruft der Humanist in uns! Steht bei Juvenal für „Geist" nicht *mens* statt *anima*? Schon richtig, aber die kleine Mogelei sehen wir „Asics" gerne nach – „Msics" hätte wohl in kürzester Zeit wegen Unaussprechlichkeit gefloppt ...

Dann kommen wir noch an „Duracell"-Batterien vorbei. Sie versprechen, dass die Energie-„Zelle" (*cella*, „Kammer") „lange hält" (*durare*). Für ausgedehnte Wanderungen bietet sich der Rucksack „Invicta" an: „unbesiegt". Hört sich gut an und motiviert zum Durchhalten. Wenn wir erschöpft, aber dank „Invicta"-Ausrüstung unbesiegt zurückkommen, freuen wir uns auf einen schönen warmen Schauer in der Runddusche „Arcus". „Rund" und „Bogen" (*arcus*) – das passt zusammen, jedenfalls so ungefähr. Und wem begegnen wir da am Ende unseres Rundgangs? Keiner Geringeren als der römischen Liebesgöttin Venus. Was sich dahinter verbergen mag? Keine Sorge, nichts Anstößiges! Sondern ein Produkt von „Gillette": ein Rasierapparat mit Klingen für Damen. So einfach ist das: Dank „Venus"-Haarentfernung hier und dort wird aus dir eine wahre Schönheit. Unser Tipp: Unbedingt kaufen (*caupo*, „Krämer", „Gastwirt")!

Warum Fiat enttäuscht und Audi besticht

Wir ergänzen unseren Supermarkt-Bummel durch Abstecher zu ein paar anderen Branchen. Wer Blumen über weitere Entfernungen verschicken will, kennt „Fleurop" als zuverlässige Adresse dafür. Lateinisch gesprochen, sind das *flores Europae*, „Europas Blumen". Auch die Gartenmarktkette „Flora" beruft sich auf eine römische „Gründerin": Die Göttin Flora war für die Blumen und den Frühling (*florere*, „blühen") zuständig; ihr Fest, die Floralia am 28. April, wurde ziemlich ausgelassen – in Rom sogar mit öffentlichen Striptease-Einlagen im Theater – gefeiert.

Am Kiosk stoßen wir auf die Zeitschriften „Amica" und „Bella", die sich als „Freundin" und „Schöne" im lateinischen Wortschatz bedienen. Ebenso der „Focus", der die Nachrichten sozusagen auf den „Brennpunkt" bündeln will. *focus* war bei den Römern der „Herd". Dass dieser Mittelpunkt des Hauses später zu einer „Mitte" im übertragenen Sinne, einem „zentralen Punkt" „fokussiert" wird, leuchtet ein. Verdeckt lateinisch gibt sich der Konkurrent des „Focus": Der „Spiegel" ist als Lehnwort zu *speculum* eine 100ige Tochter des Lateinischen.

Bleibt als letzte die Automobil-Sparte. Hier müssen wir mit einer kleinen Enttäuschung beginnen. „Fiat" hört sich so wunderbar lateinisch an und ergibt auch einen Sinn: „es soll gemacht werden"; außerdem steht *fiat lux*, „es werde Licht!", auch ganz am Anfang der lateinischen Bibel-Version. Die bittere Wahrheit ist indes, dass „Fiat" nur die Abkürzung für *Fabbrica Italiana Automobili Torino* ist. Aber es sind zwei germanische Autobauer, die die Ehre der Branche in Sachen Latein retten: Der schwedische „Volvo"-Konzern, der jedes seiner Autos dem Käufer versprechen lässt: „ich rolle" (*volvere*, „wälzen", „rollen"). Und natürlich der deutsche Premium(s. o.)-Hersteller „Audi". Der wurde mal von einem Herrn namens Horch gegründet – und dieser Herr Horch übersetzte seinen Namen in die lateinische Markenbezeichnung „Audi" (Imperativ zu *audire*, „hören"; also: „höre!", „horch!").

Beide Edelmarken stehen in der Pannen-Statistik („Panne" von *pinna*, „Feder", „äußerstes Ende der Segelstange"; wenn die Segel keinen Wind haben, kommt es zur Stillstands-„Panne"; „Statistik" von *status*, „Stellung", „Lage") weit hinten. Warum wohl, fragen wir augenzwinkernd und verweisen selbstbewusst darauf, dass Latein stets eine Menge mit Solidität (*solidus*, „fest", „tüchtig", „verlässlich") zu tun hat. Und wie vermeiden Audi- und Volvo-Fahrer motorunabhängige Reifenpannen? Indem sie sich „Semperit"-Reifen aufziehen lassen. Denn dieser Reifen „läuft immer" (*semper it*).

16. Römer live in Pompeji – Latein in Stein

Tausende sind auf den Straßen Pompejis unterwegs. Im Amphitheater stehen Gladiatorenkämpfe auf dem Programm. Man kann eine Gala-Vorstellung erwarten; die Sponsoren der blutigen Spiele haben eine Menge Geld investiert – zur Unterhaltung der Zuschauer und zu ihrem eigenen Prestige. Wie üblich hat sich die Nachricht von hochkarätigen Kämpfen auch in den Nachbarstädten herum gesprochen. Sie verfügen nicht über eine so gewaltige Arena wie Pompeji, wo fast 20 000 Menschen im Zuschauerraum Platz finden. Entsprechend groß ist die Zahl der Besucher aus dem Umland, die sich auf den Weg nach Pompeji gemacht haben.

Im Amphitheater wächst die Spannung. Alle warten auf den Beginn der Kämpfe. Und manche Zuschauer nutzen die Wartezeit, um sich in Stimmung zu bringen – mit Sprechchören und Gesängen, wie man sie auch aus modernen Stadien kennt. Dass es zwischen Nachbarorten Spannungen und Rivalitäten gibt und man sich gegenseitig auch schon einmal mit Spott überzieht, gehört zur römischen Normalität. Nicht aber, dass sich die Atmosphäre so feindselig auflädt wie an diesem Tage des Jahres 59. Im Gegeneinander der Fans aus Pompeji und Nuceria übernehmen plötzlich Hooligans das Kommando. Der Historiker Tacitus berichtet, wie die Situation eskalierte:

Quippe oppidana lascivia in vicem incessentes probra, dein saxa, postremo ferrum sumpsere, validiore Pompeianorum plebe, apud quos spectaculum edebatur. Ergo deportati sunt in Urbem multi e Nucerinis, trunco per vulnera corpore, ac plerique liberorum aut parentum mortes deflebant.

„Zuerst neckten sie sich mit kleinstädtischer Ausgelassenheit, dann flogen Schimpfworte, darauf Steine und am Ende griffen sie zum Schwert. Die Pompejaner, bei denen das Schauspiel ausgerichtet wurde, behielten die Oberhand. Viele Menschen wurden nun verstümmelt und verwundet nach Rom gebracht und manch einer hatte den Tod von Kindern oder Eltern zu beklagen" (Tacitus, Annalen XIV 17).

Der Kampf im Amphitheater ist sogar als Wandmalerei in einem pompejanischen Haus dargestellt – ein Fresko, das die brutale Massenschlägerei noch nach 2000 Jahren sehr lebendig werden lässt.

Arena-Sperrung –
Das Aus für die populären Gladiatorenkämpfe

Der Skandal zog indes weite Kreise. Der Senat in Rom setzte einen Untersuchungsausschuss ein. Und am Ende stand ein überaus hartes Urteil: Den Pompejanern wurde ein zehnjähriges Stadion-Verbot auferlegt. Zehn Jahre lang keine Gladiatorenkämpfe! Angesichts der Popularität dieser Massenunterhaltung ein schwerer Schlag für die Einwohner. Wie sehr sie an den *munera* – so die lateinische Bezeichnung für die Gladiatoren-Shows – hingen, können wir noch heute im Open-Air-Museum der zwanzig Jahre später vom Vulkan verschütteten und erst in der Neuzeit wieder ausgegrabenen Vesuvstadt geradezu lesen.

Was heute Plakatwände oder Litfasssäulen sind, das waren damals die Hauswände an den Hauptverkehrsstraßen. Dort wurden die Spiele mit breiten Pinselstrichen in großen Lettern angekündigt – die allergrößten Buchstaben allerdings waren denjenigen vorbehalten, die das Ganze finanzierten: „20 Gladiatorenpaare des Decimus Lucretius Valens (…) und 10 Gladiatorenpaare des Decimus Valens Junior werden in Pompeji am 8., 9., 10., 11. und 12. April kämpfen. Es wird eine ordentliche Tierhetze und Sonnensegel geben" (CIL IV 3884).

Solche „Dipinti" – gemalte Werbeinschriften – waren gut zu lesen; sie sollten die Vorfreude der Arena-begeisterten Pompejaner anregen. Der Maler unseres Ankündigungs-Plakats ist uns übrigens aus anderen Verlautbarungen bestens bekannt – ein Witzbold, der nebenbei auch für sich selbst warb mit dem Zusatz: *scripsit Aemilius Celer sing(ulus) ad luna(m)*; „dies hat Aemilius Celer allein beim Mondenschein geschrieben…".

Im Unterschied zu offiziellen Dipinti sind Graffiti Kritzeleien irgendwelcher Passanten. Sie sind meist viel kleiner geschrieben; man muss oft sehr scharf hinsehen, um sie überhaupt zu erkennen. Aber auch sie erzählen von der Faszination der Gladiatorenkämpfe – wenn etwa Verehrerinnen vom Netzkämpfer Crescens als *puparum dominus*, „Herr der Puppen", schwärmen. Weitere Beispiele für diesen Gladiatoren-Kult per Wandkritzelei finden sich im Graffiti-Kapitel.

Mit all dem war es in Pompeji erst einmal vorbei. Die Gladiatorenkämpfe waren durch das Machtwort aus Rom für Jahre auf Eis gelegt. Kein Zweifel, dass die Pompejaner das als furchtbare Strafe empfunden haben – und wohl auch als ungerecht, weil sie alle für die Ausschreitungen einer kleinen Gruppe von Hooligans büßen mussten. Immerhin konnten sie sich mit anderen attraktiven Freizeitangeboten trösten.

Das Theater lädt ein – auch zum Flirten

Da war zum einen das Theater. Ein äußerst repräsentatives Bauwerk mit einem üppig verzierten Bühnenbau und nicht weniger als 5000 Sitzplätzen. Ein Viertel der Bevölkerung Pompejis konnte sich zur gleichen Zeit im Theater vergnügen – verglichen mit modernen Verhältnissen eine sagenhafte Kulturquote! Selbst dann, wenn man in Rechnung stellt, dass die gezeigten Stücke eher die leichte, um nicht zu sagen die seichte Muse als Schutzpatronin hatten: „Lebenspralle" Komödien und derbe Schwänke, die sich einer kräftigen, durchaus nicht immer stubenreinen Sprache bedienten und mit pikanten Szenen nicht geizten, oder auch Pantomimen, die sehr ausdrucksvoll und verständlich getanzt wurden. Im ursprünglichen Sinne des Wortes populäre Bühnenproduktionen, Stücke für den *populus*, das „Volk".

In den Pausen konnten die Zuschauer in der angrenzenden Quadriporticus, einer Säulenhalle mit „vier Wandelgängen" im Karree, flanieren, sich über das Gesehene austauschen – oder auch die Augen auf der Suche nach „interessanten" Damen und Herren schweifen lassen. Das Theater war jedenfalls, mit Ovid zu sprechen, eine sehr lohnende Flirtstätte: ein Erfolg verheißendes „Jagdrevier" für „Jäger", die auf der Suche nach einer neuen Beziehung waren (mehr dazu im Kapitel über „Anbaggern" mit Ovid im alten Rom). Die Damen waren chic gekleidet, aufwendig geschminkt und bestens frisiert. Sie zogen die Blicke der Männer nur zu gern auf sich …:

Sed tu praecipue curvis venare theatris,
  haec loca sunt voto fertiliora tuo.

„Du aber geh auf die Jagd vor allem im Rund der Theater,
  dieser Ort ist fruchtbarer, als du es dir wünschst …".

Sic ruit ad celebres cultissima femina ludos.
  Spectatum veniunt, veniunt, spectentur ut ipsae.

So eilen die Frauen total „aufgebrezelt" zu den viel besuchten Spielen.
Sie kommen, um zu sehen; sie kommen, um selbst gesehen zu werden"

(Ovid, ars amatoria 89f.; 98; 100).

Wer lieber Musik hörte oder Freude an Dichter-Rezitationen hatte, suchte das „kleine" Theater auf, auch „Odeion" genannt. Neben Sängern und Musikern traten dort Vorleser auf, die entweder aus eigenen Werken vortrugen oder lange Passagen aus den Klassikern rezitierten. Das Odeion-Publikum war ziemlich anspruchsvoll – trotzdem war das *theatrum tectum* („überdachtes Theater") für 1000 Besucher ausgelegt. Im Unterschied zur Arena und zum großen Theater waren sie dort vor Regen und Sonne besser geschützt.

Die Finanzierung dieser prächtig ausgestatteten öffentlichen Großbauten konnte die Stadt allein meistens nicht stemmen. Vielfach übernahmen reiche Sponsoren die Baukosten oder einen Teil davon. Das wurde von den führenden Bürgern einer Stadt auch erwartet und war deshalb nicht nur ein ganz freiwilliges Sponsoring. Aber es brachte den edlen Spendern auch jede Menge Ansehen ein und erhöhte ihre Chancen auf ein Spitzenamt bei den nächsten Kommunalwahlen. Und niemand nahm es ihnen übel, wenn sie Gutes traten und darüber sprachen. Oder, genauer gesagt, ihre guten Werke in Inschriften dokumentierten, die Besuchern bis auf den heutigen Tag vor Augen führ(t)en, wie spendabel da jemand war – eine hervorragende Investition in Nachruhm. Allein schon die Auftragsvergabe für ein volksfreundliches Großprojekt brachte Prestige ein. Am Eingang des Odeions kamen (und kommen heute noch) alle Besucher an dieser Inschrift vorbei:

C. Quinctius C(ai) f(ilius) Vale(ns) M(arcus) Porcius M(arci) f(ilius) duoviri dec(reto) dec(urionum) theatrum tectum fac(iendum) locar(unt) eidemq(ue) proba(verunt).

„Gaius Quinctius Valens, Sohn des Gaius, und Marcus Porcius, Sohn des Marcus, haben als Duumvirn nach Beschluss des Gemeinderates (den Bau für) das überdachte Theater vergeben und haben persönlich den Bau abgenommen (CIL X 844).

Freizeitvergnügen Thermen –
Lärm inklusive

Ein anderes beliebtes Freizeitvergnügen war ein Tag in den Thermen. Die Pompejaner hatten da eine für das 1. Jahrhundert n. Chr. luxuriöse Situation: Sie konnten zwischen gleich drei öffentlichen Bäder- und Freizeitkomplexen wählen. Das früheste und größte Bad waren die Stabianer Thermen, schon vor der Mitte des 1. Jahrhunderts v. Chr. gebaut, als selbst die Hauptstadt Rom noch über kein großes Bad, geschweige denn einen der späteren Badetempel der Extraklasse verfügte. Man könnte die Pompejaner fast als Trendsetter einer zivilisatorischen Errungenschaft bezeichnen, die sich erst später als Selbstverständlichkeit flächendeckend in allen Städten des Römischen Reiches durchsetzte: Eine großzügige Thermen-„Landschaft", die neben dem Baden in luxuriösem Ambiente auch vielerlei Sport- und Unterhaltungsangebote bereithielt.

Wie munter es in den Thermen – auch in den kleineren, von Privatleuten betriebenen – zuging, führt uns Senecas amüsante Schilderung vor Augen – schade nur für ihn, dass er sich in einer Wohnung direkt über dem Bad eingemietet hatte ...:

Propone nunc tibi omnia genera vocum, quae in odium possunt aures adducere: cum fortiores exercentur et manus plumbo iactant (...), gemitus audio, quotiens retentum spiritum remiserunt. (...) Si vero pilicrepus supervenit et numerare coepit pilas, actum est. Adice nunc scordalum et furem deprehensum et illum, cui vox sua in balineo placet, adice nunc eos, qui in piscinam cum ingenti impulsae aquae sono saliunt. Praeter istos ... alipilam cogita tenuem et stridulam vocem subinde exprimentem nec umquam tacentem, nisi dum vellit alas et alium pro se clamare cogit ...

„Stelle dir nun alle Arten von Geräuschen vor, die dich dazu bringen können, deine Ohren zu hassen: Hier trainieren Kraftprotze und schwingen ihre mit Blei beschwerten Hände. Ich höre Stöhnen, jedes Mal wenn sie den angehaltenen Atem wieder ausstoßen. Wenn dann aber ein Ballspieler unvermutet hinzukommt und anfängt die Bälle zu zählen, ist's um mich geschehen. Denk dir noch einen Streithammel dazu und einen ertappten Dieb und einen, der sich im Bade selbst gern singen hört, denk dir auch die noch hinzu, die mit gewaltigem Klatschen des aufspritzenden Wassers ins Schwimmbecken springen. Stelle dir dazu noch einen Achselhaarausrupfer vor, der unablässig seine dünne, schrille Stimme ertönen lässt und erst dann still ist, wenn er einen hat, dem er die Haare ausrupft – wobei er den anderen zwingt, an seiner Stelle loszuschreien" (Seneca epistulae 56, 1f.).

Pompejis Sportzentrum – nicht nur für Ringer

Für eine körperlich besonders aktive Freizeitgestaltung stand ein großer Sportplatz zur Verfügung. Nach außen wurde er durch noch gut erhaltene Säulenhallen abgeschlossen, die das Areal von 141 x 107 m Größe begrenzten – und ausweislich zahlreicher Graffiti in Übungspausen gern zweckentfremdet wurden. Die Palästra, so genannt nach den griechischen Vorbildern, diente ursprünglich den Ringern als Trainingsgelände; daher der Name „Ringplatz". Sicherlich wurde sie aber auch für die bei den Römern besonders populären Ballspiele genutzt, vielleicht auch von Joggern und Leichtathleten, auf jeden Fall aber von Boxern und Pankratiasten. Pankration war eine, wie der Name – „Allkampf" – schon vermuten lässt, freundlich formuliert: beanspruchende, man könnte auch sagen: brutale Variante der Schwerathletik. Außer „Beißen und Graben" (Bohren in Körperhöhlen) war alles erlaubt – der Vorläufer des modernen *Ultimate Fighting*. Kein Wunder, dass die Jünger der schwerathletischen Disziplinen von nicht zu übersehenden Spuren ihres Sports „geziert" waren. Allerdings gab es auch andere Wege zu Gesichtsentstellungen:

Haec quaecumque meo numeratis stigmata mento,
 in vetuli pyctae qualia fronte sedent,
non iracundis fecit gravis unguibus uxor:
 Antiochi ferrum est et scelerata manus.

„All diese Narben, die ihr auf meinem Kinn zählt,
 wie sie sonst auf der Stirn einen ältlichen Boxers sitzen,
brachte mir nicht mit wütenden Fingernägeln eine grausame
 Gattin bei.
 Das Eisen (des Friseurs) Antiochus ist es und seine verbrecherische Hand."

(Martial XI 84, 13-16)

Wem in der Palaestra von Pompeji beim Sport ordentlich warm geworden war, der konnte sich mit einem Sprung in das Schwimmbad in der Mitte des Platzes abkühlen. Es war so groß, dass es im Unterschied zu den meist überschaubaren *natationes* (Schwimmbecken) der Thermen tatsächlich auch zum richtigen Schwimmen einlud.

Wasser satt – dank technischer Wunderwerke

Apropos Wasser. Wie die meisten anderen Städte im Römischen Reich hatte Pompeji eine hervorragende Wasserversorgung. Durch eine Zweigleitung wurde die Stadt in der Zeit des Augustus an die große Fernwasserleitung angeschlossen, die zahlreiche Orte im Golf von Neapel bediente. Seitdem hatten alle Einwohner Zugang zu frischem Fließwasser, das über eine Reihe von Hochbehältern im Stadtgebiet verteilt wurde. Nur eine kleine Zahl von Häusern war direkt an das Wassernetz angeschlossen. Die meisten Menschen mussten sich ihr Wasser mit Eimern und Kübeln an Laufbrunnen holen. Mühselig aus heutiger Sicht, aber für die Antike ein ausgezeichneter zivilisatorischer Standard: Dank zahlreicher Becken und Laufbrunnen hatte niemand einen längeren Weg zu sauberem, „unerschöpflichem" Wasser als 50 m; und es floss Tag und Nacht.

Am höchsten Punkt der Stadt steht noch heute das *castellum*, ein Wasserverteilungsgebäude, in das der unterirdische Aquädukt mündete. Von dort führten Rohre ins gesamte Stadtgebiet. Man kann drei Ausläufe in unterschiedlicher Höhe erkennen. Die beiden oberen konnten gesperrt werden; der untere scheint für die notwendige Grundversorgung der Bürger mit Wasser reserviert gewesen zu sein; sie war, auch wenn der Wasserzufluss im Sommer manchmal geringer war, nie gefährdet. Die Römer wussten, was sie ihren Wasserbauingenieuren zu verdanken hatten: Römische Aquädukte waren technische Meisterwerke:

Quod si quis diligentius aestumaverit abundantiam aquarum in publico, balineis, piscinis, euripis, domibus, hortis, suburbanis villis, spatia aquae venientis, exstructos arcus, montes perfossos, convalles aequatas, fatebitur nil magis mirandum fuisse in toto orbe terrarum.

„Wenn man sich den Überfluss an Wasser in der Öffentlichkeit, in Bädern, Fischteichen, Kanälen, Häusern, Gärten und Landgütern nahe der Stadt, die Wege, die das Wasser durchläuft, die errichteten Bögen, die durchgrabenen Berge und die eingeebneten Täler intensiver vergegenwärtigt, wird man zugestehen müssen, dass es auf der ganzen Welt nie etwas Bewunderungswürdigeres gegeben hat" (Plinius, Naturalis historia XXXVI 36).

Wahlkampf auf den Wänden – Bäcker, Schmiede und Kellnerinnen mischen sich ein

Pompeji war, bevor der Vesuv es vollständig vernichtete, eine blühende Stadt. Einer kleinen Oberschicht ging es besonders gut. Sie legte ihr Geld im Bau repräsentativer Villen an, deren reiche Ausstattung noch heutige Besucher beeindruckt – vor allem die wunderbaren Malereien, die die Zimmerwände ganz anders als dekorative Flächen nutzten, als es moderne Tapeten tun, aber auch die prächtigen Hausaltäre und die vielen Wasserspiele. Die zahlreichen wertvollen Kunstwerke, die einst die Häuser und Gärten schmückten, sind allerdings nach der Ausgrabung zu ihrem Schutz ins Museum gebracht worden.

Auch die ärmeren Bürger hatten ihr Auskommen. Sie lebten in kleinen Mietwohnungen und arbeiteten vielfach gleich nebenan in einem Geschäft oder einer Werkstatt, beim Müller, beim Schmied, beim Parfümfabrikanten, in der Textilproduktion, der Wäscherei, der Gerberei, als Bauarbeiter, Lastenträger usw. In viele dieser Handwerksbetriebe und Läden kann man bei einem Bummel durch Pompeji hineinschauen – Bottiche und Mühlsteine, Werkzeuge und Malereien lassen erkennen, womit die Besitzer und ihre Angestellten ihr Geld verdienten.

Und dann gibt es da noch eine besondere Quelle, die uns über die Berufswelt Pompejis informiert. Der Wahlkampf um die höchsten Ämter der Stadt wurde weitgehend auf den Häuserfassaden ausgetragen; dort riefen Unterstützergruppen zur Wahl „ihrer" Kandidaten auf. Auch die Berufsverbände (*collegia*) mischten sich ein und gaben Wahlempfehlungen ab:

Calventium IIvirum infectores rogant
   Die Färber bitten darum, Calventius zum Duumvirn zu wählen.

Cn. Helvium Sabinum aedilem pistores rogant et cupiunt cum vicinis
   Die Bäcker bitten darum, Gnaeus Helvius Sabinus zum Aedilen zu wählen; sie wünschen das gemeinsam mit den Nachbarn.

M. Cerrinium Vatiam aed(ilem) saccarii rogant
   Die Sackträger bitten darum, Marcus Cerrisius Vatia zum Aedilen zu wählen.

Man kann sich gut vorstellen, wie angeregt in den vielen Kneipen und „Bars" – sie sind im gesamten Stadtgebiet mit ihren charakteristischen Theken für die Take-away-Kundschaft sehr gut erhalten – in den Wochen vor den jährlichen Wahlen über Politik und die besten Kandidaten diskutiert und gestritten worden ist. Auch die Betreiber der Lokale nutzten ihre Hauswände für Wahlaufrufe. Und selbst die weiblichen Bedienungen gaben hier und da Wahlempfehlungen per „Mauer-Mitteilung" ab, obwohl Politik als Männersache galt und nur Männer wählen und gewählt werden durften. Allerdings war es nicht jedermanns Sache, sich von Kellnerinnen zur Wahl vorschlagen zu lassen. In einigen Fällen, so haben Archäologen rekonstruieren können, sind die Namen dieser fragwürdigen Unterstützerinnen übertüncht worden. Warum? Der Sinn der Vertuschungsaktion wird klar, wenn man an den schlechten Ruf von Wirtshauspersonal denkt. Das war für viele Römer zwielichtige Halbwelt; Kellnerinnen standen – häufig nicht zu Unrecht – im Ruf, auch als Prostituierte zu arbeiten.

Römische Verkehrs-Premieren: Tagesfahrverbot und Zebrastreifen

Das Leben spielte sich in den römischen Städten viel stärker in der Öffentlichkeit ab, als es der heutige Besucher vermutet. Dessen Aufmerksamkeit konzentriert sich ja unwillkürlich auf die vielen Gebäude. Allenfalls die zahlreichen Touristengruppen auf den Straßen Pompejis lassen erahnen, welcher Betrieb dort seinerzeit – vor allem auf den breiten Hauptverkehrsstraßen und den Plätzen rund um das Forum – geherrscht hat. Vermutlich gab es in der Kleinstadt weniger Fußgängerstaus als in Rom, das für mühsames Vorankommen in der Menschenmenge und unerwünschte Körperkontakte berüchtigt war. Aber wahrscheinlich galt auch für Provinzstädte wie Pompeji das erste Verkehrsberuhigungsgesetz der Weltgeschichte: Caesar verfügte ein Tagesfahrverbot für Last- und Personenwagen, das nur wenige Ausnahmen zuließ. Tagsüber durften keine Gespanne in die City einfahren, erst wieder am späten Nachmittag – eine nicht unproblematische Anti-Stau-Verfügung, weil sie den Verkehrslärm – Eisenräder auf holprigem Basaltpflaster! – in die Nacht verlegte und bei den Anwohnern massive Schlafstörungen auslöste.

Quae viae in urbem Romam sunt erunt intra ea loca, ubi continenti habitabitur, ne quis in ieis vieis post K(alendas) Ianuarias plostrum interdiu post solem ortum neve ante horam X diei ducito agito, nisi quod...

„Betrifft Straßen, die nach Rom jetzt oder künftig hineinführen innerhalb des durchgehend bebauten Gebiets: Dort soll niemand nach dem 1. Januar einen Wagen nach Sonnenaufgang und nicht vor der 10. Stunde des Tages führen oder schieben, außer (es folgen Ausnahmen)..." (Lex Iulia municipalis aus dem Jahre 45 v. Chr; CIL I² 206).

Wie intensiv der Wagenverkehr auch in Pompeji war, lassen tief in das Straßenpflaster eingegrabene Radspuren erkennen; an manchen Stellen sind sie mehrere Zentimeter tief, so dass ein Spurwechsel dort fast unmöglich war. Die Bürgersteige waren viel höher, als es heute üblich ist – was aber die Bürger Pompejis beim Überqueren der Straße nicht zu sportlichen Einlagen zwang. Große Basaltsteine lagen als Gehhilfen im Schrittabstand auf der Straße – in gewisser Weise der erste Zebrastreifen der Verkehrsgeschichte.

Unser kleiner, auf wichtige Aspekte beschränkter Bummel durch das antike Pompeji geht hier zu Ende. Dass es noch viel mehr Interessantes und Spektakuläres zu erkunden gibt, wird jeder feststellen, der unserer hiermit ausgesprochenen Einladung zu einem Live-Spaziergang nachkommt. Wir mussten uns damit begnügen, ein bisschen Appetit zu machen auf jenen äußerst „wohlschmeckenden" Teil der Beschäftigung mit den alten Römern, der sich mit den archäologischen Überresten ihrer Zivilisation verbindet.

Pompeji ist indes überall, wo Römer gelebt haben – auch in unserer „germanischen" Heimat, wo Thermen und Tempel,

Landsitze und Limeskastelle, Mosaiken und Marmorstatuen, Amphitheater und Aquädukte auf diesen etwas anderen Zugang zum Lateinischen Lust machen – einen anschaulicheren, als ihn die Texte bieten. Ganz ohne Latein, das zeigen die eingeflochtenen Zitate, fehlt diesem Zugang allerdings auch etwas. Und deshalb plädieren wir – auch im Sinne eines spannenden Lateinunterrichts an unseren Schulen – für eine ordentliche Portion „Latein in Stein".

17. SITVS VI LATEIN –
Sprachblödeleien in klassischem Gewand

Latein übersetzen ist Glückssache? Manchmal wirkt es auf Lehrer wirklich so, wenn sie beim Nachsehen von Klassenarbeiten auf hanebüchenen Unsinn stoßen – völlig sinnfreies Zeugs, vom Ausgangstext sehr phantasievoll abgelöst, manchmal ein Fall für die Rezeptionsästhetik ...

Und da gibt es dann Lehrer, die die „schönsten", aberwitzigsten Fehlleistungen in Sachen Übersetzung fein säuberlich in einer dicken Nonsens-Kladde notieren. Damit können sie freilich allenfalls auf einem Lateiner-Stammtisch schenkelklopfende gute Laune verbreiten. Was also tun mit der Blütenlese aus vielen Korrektur-Jahrzehnten? Manche „Sammler" suchen sich einen Verlag und lassen die „besten" Fehlleistungen ihrer Schüler zwischen zwei Buchdeckel klemmen. So bereichern auch Lateiner den Humor-Markt. Na ja, nicht jeder kann über den gesammelten Murks lachen. Und ob das wirklich alles nur Enthüllungen über die *Schüler* sind?

Wir holen jetzt mal zum Gegenschlag aus und stellen ein bisschen Munition bereit, mit der man Lateinlehrer aufs Kreuz legen kann: Scheinbare lateinische Sätze, die in der Sprache der Römer trotz gewisser „Anklänge" reiner Unsinn sind – weil es sich in Wahrheit um lateinisch getarntes Deutsch handelt. Allerdings: Die deutsche Rechtschreibung kommt vielfach schon etwas verändert daher ...

Eines müssen wir allerdings zugeben: Es sind alte, teils uralte Kamellen, die wir hier auftischen. Nicht ausgeschlossen daher, dass der Trick bei manchen Lateinlehrern nicht mehr funktioniert. Darf man Lateinlehrer überhaupt „austricksen"? Na klar doch, *tricae* ist ein schönes altes lateinisches Wort und bedeutet „Schwierigkeiten", „Ränke", „Unsinn". Auf denn zum trickreichen Unsinn!

Durchschaust du, *care lector*, was los ist? Wenn nicht: Die Auflösung findet sich am Ende des Buchs.

Ein Klassiker ist

1. DI CURANTE BIS SI FILUM
   Sind Götter (*di*) im Spiel? Die sich bemühen (*curare*)? Ein Faden (*filum*)? Und der gleich zweimal (*bis*)? Wenn (*si*) man das wüsste …
   Eine Variante dazu bezieht sogar eine Geschlechtskrankheit ein: DI CURANTE BIS SYPHILUM.

2. M AGERIS TER DIXI
   Hab ich's nicht dreimal *(ter)* gesagt *(dixi)*? Aber du lässt dich treiben *(ageris)* – du, das ist offenbar *M(arcus)*. Oder? *Ganz kalt!*

3. DIE TE CANE IS CAPUT
   Ein Hund *(canis)* ist dabei, ein Kopf *(caput)* – was aber kümmert's dich *(te)* an diesem Tage *(die)*?

Im folgenden Satz muss es um Ruhm *(laus)*, Liebe *(amor)* und Frieden *(pax)* gehen – durchweg hohe Werte. Aber was hat das mit Verkaufen *(vendere)* zu tun? Und am Ende gar mit einem Gallier im Vokativ?

4. VENDI LAUS AMORIS PAXE CERTRIXE!
   Die bayerische Variante dazu beginnt wohl mit einer Ader *(vena)* und fügt ein „grimmiges" *trux* ein:

4a. VENA LAUS AMORIS PAX TRUX PISCORIS

5. VIRTUS ELIGE REFERENDA RE FAS TENDI LINA AMORE
   Amor spielt auch in diesem Satz eine wichtige Rolle – wie im wirklichen Leben. Allerdings, so haben wir's besonders gern, schön mit Tugend *(virtus)* verbunden und mit *fas*, „Recht". Einzige Unsicherheit: Soll man zwischen diesen Werten etwa „auswählen" *(elige)*? O je, die Wahrheit ist noch viel grausamer!

6. Aus dem Kölner Raum erreicht uns folgende Botschaft – gefunden auf einem der vielen Gefäße aus der Römerzeit im Rheinland:

>DATIS
>NEPIS
>POTUS
>COLONIA

Schönstes Römer-Kölsch, auf das wir hier stoßen! Und noch ein Tipp: Das Fund-Gefäß ist ziemlich groß!

7. Aller guten und heiligen Dinge sind 7. Hier also unser letztes Beispiel für Pseudo-Latein – erneut aus dem Kölner Raum. Ist „gelegen" oder ist „Rost" (beides: *situs*) im Spiel? Mit Gewalt *(vi)* scheint es wieder einmal etwas zu tun zu haben. Diese Römer! Auf Anhieb können wir lesen: „du gehst weit hinein" *(late inis)*. Auch *et … et* („sowohl … als auch") können wir klar entschlüsseln. Merkwürdig nur, dass das zweite *et* am Ende steht. Aber so ist es halt, das rätselhafte Latein …
SITUS VI LATE INIS ET A BERN ET

Allerletzte Hilfe: Man könnte diesen Spruch zur Gänze als Überschrift über das Kapitel setzen. Und hier unser Service-Tipp für die Lateinkolleginnen und -kollegen: Wenn Sie schneller sein wollen als Ihre Schüler, schauen Sie am Ende des Buchs nach.

18. Von Amadeus bis Zenzi – Kleines lateinisches Namensquiz

Emily und Laureen sind stolz auf ihren schicken englischen Vornamen, Sergej auf seinen russischen, Juliana auf ihren holländischen, Claudio, Flavio und Cecilia auf ihren italienischen, Marcel und Valéry auf ihren französischen, Fabian und Cornelius auf ihren deutschen. Sie alle irren sich, können aber stolz bleiben. Ihr Stolz muss sich nur anders orientieren. Denn in Wirklichkeit gehen alle diese Vornamen auf berühmte römische Adelsgeschlechter zurück, die *gens Aemilia* und die *gens Laurentia*, die *gens Sergia*, die *gens Iulia* usw.

Aber nicht nur diese altrömischen Patriziernamen tummeln sich noch nach 2000 Jahren in den Vornamenslisten der ganzen westlichen Welt (und darüber hinaus); auch in vielen anderen ist sprachliches Erbgut der Römer präsent (*praesens*, „gegenwärtig"). Gloria von Thurn und Taxis – sie ist der „Ruhm" *(gloria)* der Familie, Grace Kelly – sie war der Inbegriff von Anmut *(gratia)*, Silvia von Schweden – nun ja, bei ihr hat der Waldgott Silvanus *(silva*, „Wald") Pate gestanden. Franz Müntefering – er ist – nein, nicht der Sauerländer, sondern „der Franke" *(Francus)*, Hans Magnus Enzensberger – er ist die „große" *(magnus)* Geisteskoryphäe, Rosa von Luxemburg – sie war die „Rose" *(rosa)* der sozialistischen Bewegung, und Wolfgang Amadeus Mozart – er liebte Gott *(amare*, „lieben", *deus*, „Gott") und wurde mit musikalischem Talent reich dafür belohnt.

Die Mabel aus der amerikanischen TV-Serie – das ist eine *amabilis*, „Liebenswerte", die Ulla vom Gesundheitsministerium eine „kleine Bärin" *(urs-ula)*, die Vicky von nebenan eine „Siegerin" *(victoria*, „Sieg") und die Zenzi vom Bauernhof bei Altötting entweder eine „Wachsende" (Crescentia; *crescere*, „wachsen") oder eine „Unschuldige" *(innocentia*, „Unschuld"). Der Benedikt ist ein „Gesegneter" *(bene dictus*, „gut gesagt"), der Martin ein Sohn des Kriegsgottes Mars, der Clemens ein „Sanftmütiger" *(clemens)* und der Felix ein „Glücklicher" *(felix)*.

Insgesamt sind es einschließlich der vielfältigen Varianten mehrere hundert Vornamen, die die lateinische Sprache Eltern bei der Auswahl des richtigen, schönsten Vornamens zur Verfügung stellt – selbst für Latein-Hardliner ein Ding der Unmöglichkeit, das ganze Repertoire (*reperire*, „finden") an lateinischen Vornamen aufzubrauchen. Da müsste sogar ein zweiter August der Starke (Patenonkel natürlich: Kaiser Augustus) kapitulieren.

Auch wir können aus der Fülle des Materials nur ein paar Namen herausgreifen. Nicht immer gilt: *nomen est omen*, „der Name ist ein Vorzeichen"; sonst müssten wir nämlich angesichts dieser Bescheidung Paul oder Paolo, Pablo oder Paulinus heißen: *paulus* bedeutet „klein", „gering". Unsere Auswahl legen wir als interaktives Quiz an (*inter*, „dazwischen", untereinander"; *activus*, „tätig"; Quiz möglicherweise, aber nicht sicher von *inquirere*, „nachfragen"). Viel Erfolg und viele Aha-Erlebnisse!

---

1. Celina a) ist eine Tochter des römischen Kriegsgottes b) ist eine im Verborgenen Blühende c) ist eine Berühmte
2. Conny a) ist eine Schönhaarige b) ist eine viel Erprobende c) ist eine Standhafte
3. Claudia a) ist die Hinkende b) entstammt einer berühmten römischen Adelsfamilie c) ist die Verschlossene
4. Cordula a) ist die viel Besungene b) ist stark wie ein Seil c) ist ein Herzchen
5. Fee a) ist die Geheimnisvolle b) ist die von Gott Geschenkte c) ist die als Glück Empfundene
6. Lucy a) entstammt einer alten römischen Adelsfamilie b) ist eine Lichtgestalt c) ist die im Kampf Berühmte
7. Monika a) ist die Einzigartige b) ist die Mahnerin c) ist die aus den Bergen
8. Natascha a) ist die Auferstandene b) ist die am Geburtstag des Herrn Geborene c) ist die im Schwimmen Siegreiche

9. Silke a) ist die mit seidiger Haut b) entstammt einer alten römischen Adelsfamilie c) ist eine Schweigsame
10. Uschi a) ist die in den Wellen Geborene b) ist ein kleiner Bär c) ist eine Ungarin in lateinischem Namensgewand
11. Vicky a) soll gut leben b) soll blühen c) soll siegen
12. Viola a) ist die Männer Abwehrende b) ist die auf der Lyra Berühmte c) ist das Veilchen
13. Calvin a) ist der Kahlköpfige b) ist der im Glauben Starke c) ist der Erstgeborene
14. Dominik a) ist der Beschützer des Hauses b) der dem Herrn Gehörende c) ist der Allesbezwinger
15. Emil a) ist der aus Tausenden Erwählte b) entstammt einem römischen Adelsgeschlecht c) entstammt einer oberitalienischen Landschaft
16. Florian a) ist der Feurige b) ist der Verlässliche c) ist der Blühende
17. Justin a) ist der Spross des Juni b) ist der jugendliche Held c) ist der Gerechte
18. Lars a) ist der den Hausgöttern Dienende b) ist der mit Lorbeer Geschmückte c) ist der aus Laurentum Stammende
19. Marcel a) ist der Perlenreiche b) ist der Sohn des Kriegsgottes c) ist der in der Seefahrt Hervorragende
20. Moritz a) ist der überlegt Abwartende b) stammt aus Nordafrika c) ist der Sittsame
21. Patrick a) ist der Vornehme b) ist der Liebling des Vaters c) ist der Kinderreiche
22. Roman a) ist der Rothaarige b) ist der Kraftvolle c) ist der Römer
23. Valentin a) stammt aus Spanien b) ist der Blütenreiche c) ist der Starke
24. Vinzenz a) ist der Sieger b) ist der lang Lebende c) stammt aus Wien

19. Chronogramme –
Versteckspiel mit römischen Zahlen

„Wir sind Papst!" titelte die BILD-Zeitung, als der deutsche Kardinal Joseph Ratzinger zum Oberhaupt der katholischen Kirche gewählt worden war. Eine geniale Schlagzeile, muss man einräumen, auch wenn der Genius, bei den Römern der Schutzgeist eines Menschen, einer Stadt, eines Vereins usw., der BILD-Zeitung gewöhnlich nicht gerade die Genialität ist. Aber wann war das noch mal, als Kardinal Ratzinger zu Benedikt XVI. mutierte (*mutare*, „wechseln")? Schon 2003? Oder doch erst 2007? Da ist selbst die legendäre Schlagzeile defizitär. Will sagen: Ihr „fehlt" etwas *(deficere)*.

Anders dagegen, wenn man die vornehme lateinische Version der Erfolgsmeldung dazu nimmt: *habemus papam* heißt es bekanntlich, wenn weißer Rauch im Vatikan aufsteigt, „wir haben einen Papst". Und nach den Regeln der „Chronogrammatik" verrät die traditionelle Formel in diesem Falle auch das Wahljahr: Alle Buchstaben, die gleichzeitig einen römischen Zahlenwert darstellen, ergeben in der Addition das Jahr 2005. Mit hervorgehobenen Buchstabenzahlen erkennt man es besser: *habeMVs papaM*, M steht für *mille*, 1000, V für 5; zweimal M ergibt 2000, plus 5 = 2005.

Zugegeben, es ist reiner Zufall, dass die allgemeine Verkündigungsformel für die Papstwahl in diesem speziellen Fall ein Chronogramm darstellt. Aber es ist zumal in Verbindung mit der BILD-Schlagzeile eine gute Gedächtnisstütze.

Im Normalfall werden Chronogramme für ein bestimmtes Ereignis geschmiedet. Die „Zeit-Schrift" soll das Jahr einer Einweihung, Fertigstellung, Wahl oder eines anderen aus dem Rahmen fallenden Ereignisses festhalten. Die Grundlage für diese geistreiche Spielerei ist die Übereinstimmung römischer Zahlzeichen mit Buchstaben, also I für 1, V für 5, X für 10, L für 50, C für 100, D für 500 und M für 1000. Beim Schreiben des U und des V machten die Römer keinen Unterschied; in lateinischen Inschriften steht V entweder für V oder für U. Die Ziffer V = 5 gilt damit für beide Buchstaben. Wenn Chronogramme schon auf lateinischen Zahlenbuchstaben basieren, dann liegt es nahe, den zugrunde liegenden Text ebenfalls lateinisch zu formulieren. Überdies verleiht das der Inschrift größere Bildungsweihe, ja geradezu historische Dignität (*dignitas*, „Würde").

Häufig werden die Zahlenbuchstaben farbig oder durch ihre Größe hervorgehoben. Das erleichtert das Herauspicken, verlangt aber vom Enträtsler immerhin noch arithmetische Grundkenntnisse. Anspruchsvolle Chronogramme sind zudem in Versform abgefasst, in der Regel als Hexameter. In diesem Fall spricht man von einem Chronostichon (*stichon*, „Vers").

Wenn die heilige Maria lateinisch bittet – schreibt man das Jahr 1702

Die Verfasser stellen damit nicht nur Scharfsinn unter Beweis, sondern auch die Beherrschung der lateinischen Sprache und Metrik. Keine Selbstverständlichkeit, da die Römer als *native speakers* ausscheiden: Sie kannten schlicht noch keine Chronogramme. Erst im Mittelalter kam dieses Zeiträtsel-Spiel auf, um dann in der Barockzeit seinen Höhepunkt zu erreichen. Das 17. und 18. Jahrhundert waren die Blütezeit des Chronogramms – des lateinischen wohlgemerkt. Was *so* erstaunlich nun auch wieder nicht ist, wurden doch die meisten wissenschaftlichen Bücher damals noch in lateinischer Sprache veröffentlicht.

Jetzt aber zu ein paar konkreten Beispielen. An der Fassade der Liebfrauenkirche in Koblenz findet sich unter einer Marienstatue diese Bitte: *sanCta MarIa De paCe, ora pro nobIs*, „heilige Maria vom Frieden, bitte für uns!" Statue und Gebet stammen aus dem Jahre 1702: C (100) + M (1000) + I (1) + D (500) + C (100) + I (1) = 1702.

Nur wenige Jahre später wurde ein Pfarrhaus in Marktbreit gebaut; ein Chronostichon dokumentiert es: *aeDes hVC posItae perstent In noMIne ChrIstI*, „das hierhin gestellte Haus möge in Christi Namen Bestand haben": D (500) + V (5) + C (100) + I (1) + I (1) + M (1000) + I (1) + C (100) + I (1) + I (1) = 1710.

Und nun stellen wir ein bisschen Übungsmaterial bereit.

---

1. Wann „ließ der Kurfürstliche Rat Kaufmann dieses Haus erbauen"?
   consiliarius Kaufmann has aedes exstrui curavit

2. Wann entstand das Deckengemälde im Chor der Franziskanerkirche in Schwäbisch Gmünd?
   mater dei sine labe concepta („Mutter Gottes, ohne Sünde empfangen")

3. Wann wütete die Feuersbrunst, die wenigstens für die Zukunft Schloss Cappenberg verschonen sollte?
   ignes ac fulgura avertat altissimi dextera („Die Rechte des Allmächtigen möge Feuer und Blitze abwenden!")

4. Wann wurde der Nürnberger Religionsfriede geschlossen? Das Jahr ergibt sich chronogrammatisch aus der Kreuzesinschrift:
   IESVS NAZARENVS REX IVDAEORVM („Jesus von Nazareth, König der Juden")

5. „Jetzt" ist es Zeit für den „Galliertod", *nunc gallicidium*: Auf welches historische Ereignis wird hier recht martialisch angespielt? Ein Tipp: Mit Caesar hat es ausnahmsweise nichts zu tun...

Die Lust, wichtige Ereignisse und Entwicklungen in sprachlich prägnanter Form auf den chronogrammatischen Punkt zu bringen, ist nicht auf die frühe Neuzeit beschränkt. Auch heutzutage basteln kreative Köpfe an solch eingängigen Text-Zahl-Kombinationen. Einer von ihnen ist der Bonner Altphilologe Hermann

Josef Frings. Seiner Homepage (www.chronogramme.de) ist das folgende aktuelle Chronogramm zur globalen Klima-Erwärmung entnommen:

Natura facit saltus / in climate / his annis: / consalire nationes coactae sunt / nolentes volentes / sensu unito repugnantes / ratione congrua nec exaggerata.

„Die Natur macht klimatische Sprünge in diesen Jahren. Die Nationen sind gezwungen zusammen zu springen, ob sie wollen oder nicht, und einig (der Entwicklung) Widerstand zu leisten in einer einmütigen, aber nicht übertriebenen Weise."

Das Chronogramm ist hochaktuell: die Summe der Zahlzeichen ergibt 2009, das Erscheinungsjahr dieses Buches.

Wie Klinsi im Nu altert und Jopi Heesters wieder zum Säugling wird

Natürlich lassen sich auch viel alltäglichere chronogrammatische Spielereien denken. Willkürliche Namensassoziationen etwa – dass z. B. ein 18jähriger Felix sich benehme, als wäre er erst so alt wie die chronogrammatische Summe seines Namens (I + X, also 11), dass sich eine 20jährige Leonie aber im Vergleich zu ihrem chronogrammatischen Namensalter (L + I = 51) gut gehalten habe etc. Man könnte auch jemandem, der es braucht, Mumm für die nächsten chronogrammatsich darin versteckten Jahre wünschen (immerhin 3005). Apropos „Mumm": Der kommt nach Meinung mancher Sprachwissenschaftler tatsächlich von lateinisch *animus* in der Bedeutung „Mut".

Klar, dass man mit dieser Sprachmathematik auch herrlich herumalbern kann. Nach seiner Entlassung als Trainer von Bayern München wurde bei manchen Zeitgenossen aus „Klinsi" flugs wieder „Klinsmann": Was ihn, chronogrammatisch gesehen, um glatte 999 Jahre älter machte. Eine schamlose Übertreibung, auch wenn er seinerzeit ziemlich alt aussah ...

Sein Trainer-Kollege Otto Rehagel kann sich ins Fäustchen lachen: Ein einziges L weist ihn in diesem Zahlenspiel erst als 50 aus. Pech für Politiker wie Merkel, Steinmeier und Müntefering: M im Namen – antiquierter geht's nicht! Was auch auf manchen Showstar zutrifft: HeIDI KLVM bringt mit vollem Namen sage und schreibe 1557 Jahre auf die chronogrammatische Waage. Und Uralt-Star Johannes Heesters? Gerade mal ein einziges Jährchen – und das auch nur, wenn man J gleich I rechnet.

Schluss mit diesem fragwürdigen Jux! mag manch einer denken. Wir gehorchen umgehend, stellen aber wenigstens noch mal eben klar, dass „Jux" immerhin aus dem Lateinischen kommt: *iocus*, „Spaß", ist das Ursprungswort.

Am Ende dieses Buchs soll indes noch ein chronogrammatisch verpackter Herzenswunsch von uns stehen. Und zwar einer für die lateinische Sprache. Wie oft hat man ihr schon den Tod vorhergesagt! Eingetroffen ist er nie. Im Gegenteil, die Königin der Sprachen ist quicklebendig, und die Zahl ihrer „Untertanen" nimmt stetig zu.

Ob sie unsterblich ist? Wir wissen es nicht. Aber wir sind sicher, dass sie keine *mors immatura* erleiden wird, einen „frühzeitigen Tod". Möge das Ende frühestens dann kommen, wenn sich die chronogrammatische Lebensdauer erfüllt hat, die wir ihr hiermit attestieren:

tV, GerMane, MeMento: LIngVae parCere roMae!
MorteM IMMatVraM nVMqVaM regIna sVbIbIt.
„Du, Germane, denke daran, die Sprache Roms zu schonen. Niemals wird die Königin einen frühzeitigen Tod sterben."

Und bis wann erstreckt sich unsere Bestandsgarantie? *computa, lector*, „rechne es zusammen, Leser!" Womit wir elegant auch noch den Ursprung des Computers untergebracht hätten: Ein durchaus lateinischer „Rechner"!

Und glaube niemand, wir hätten ihm mit unseren lateinischen Zahlenspielereien ein X für ein U vormachen wollen. Obwohl auch diese sprichwörtliche Redewendung für einen Betrugsversuch mit römischen Zahlzeichen zu tun hat: Wer den Rechnungsbetrag V (5) heimlich nach unten zu einem X (10) verlängert, nimmt dem Betrogenen glatt das Doppelte ab.

Literaturtipps

K. Bartels, Internet à la Scipio: Neue Streiflichter aus der Antike, Mainz 2004

K. Bartels, Trüffelschweine im Kartoffelacker. 77 neue Wortgeschichten, Mainz 2003 (sowie frühere Bände mit Wortgeschichten)

H. Beard, Latin for all occasions, New York 2004

C. Egger (Hg.), Lexicon recentis Latinitatis. Neues Lateinlexikon, Darmstadt 1998

G. Fink, Schimpf und Schande. Eine vergnügliche Schimpfwortkunde des Lateinischen, Zürich/München 2. A. 1991 (neu herausgegeben als „Der kleine Schmutzfink")

G. Frense/D. da Silveira Macedo, Modernes Latein für unterwegs, Bielefeld 2004

P. Harris, Pompeji (Roman), München 2003

U. Kasper, Reclams lateinisches Zitaten-Lexikon, Stuttgart 3. A. 2000

A. Kirkness (Hg.), Eurolatein. Das griechische und lateinische Erbe in den europäischen Sprachen, Tübingen 1996

B. Kytzler/L. Redemund, Unser tägliches Latein. Lexikon des lateinischen Spracherbes, Mainz 5. A. 1997

W. Nagel, Latinitas fons. Fortwirken des Lateinischen im Spektrum moderner Sprachen, Wien 2006

R. Spann, Die Jugend ist eine mühsame Einrichtung. Stilblüten aus Lateinaufgaben, München 2006

W. Stroh, Latein ist tot, es lebe Latein! Kleine Geschichte einer großen Sprache, München 2007, spätere Auflagen

S. Tempel, Das alte Rom (Jugendsachbuch), Berlin 2001

K.-W. Weeber, Romdeutsch. Warum wir alle Latein sprechen, ohne es zu wissen, Frankfurt 3. A. 2006

K.-W. Weeber, Decius war hier. Das Beste aus der römischen Graffiti-Szene, Düsseldorf 4. A. 2007

K.-W. Weeber, Ganz Rom in 7 Tagen. Ein Zeitreiseführer in die Antike, Darmstadt 2008

H. Weis, Bella bulla. Lateinische Sprachspielereien, Bonn 7. A. 1985

O. Wittstock, Latein und Griechisch im deutschen Wortschatz, Berlin (Ost) 3. A. 1982

Lösungen

Kapitel 3

1. U-Bahn
2. Tweed
3. Eisberg
4. Bestseller
5. Staubsauger
6. Stoppschild
7. Aschenbecher
8. Mountainbike
9. UFO
10. Alm
11. Eigentor
12. Tour de France
13. Schlagzeuger
14. Herzschrittmacher
15. Hartz-IV-Empfänger
16. Happening
17. Tattoo
18. Voyeur
19. Riesenslalom
20. Eierlikör
21. Nationalhymne
22. Dekolleté
23. Weihnachtsbaum
24. Foxterrier
25. Schulschwänzer
26. Weltmeister

Kapitel 6

1. *check* vom zu bewachenden König beim „Schach" (*scacci*); *lista* (mittellateinisch), „Leiste", „Verzeichnis"
2. *non*, „nicht"; *stuppare*, „stopfen", z. B. bei einem Abfluss mit *stuppa* (Werg)
3. englisch
4. *stabilire*, „stabil" (stehend) machen, „aufbauen"
5. *cooperire*, „bedecken"; *historia*, „Geschichte"
6. *eventus*, „Ausgang", „Ereignis"; *manus*, „Hand"; italienisch *maneggiare*, „handhaben"
7. englisch
8. *iungere*, „verbinden"; *adventura*, „Ereignis", „Geschehen" (daher auch das deutsche „Abenteuer"
9. *officium*, „Pflicht"
10. englisch
11. Stamm *pot-*, „können", *potentia*, „Fähigkeit", „Macht"
12. *slow*: englisch; *motion* von *movere*, „bewegen"

13. englisch
14. in *gentleman* steckt *gentilis*, „aus (vornehmem) Geschlecht"; *agreement*: *ad gratum*, zum Gefallen"
15. *continere*, „zusammenhalten"

Kapitel 12

1. Aussprache getrennt: re-in; Bedeutung Wiedergeburt: *re-*, „zurück", *in-*, „hinein", *caro, carnis*, „Fleisch"; -ion: deutsche Endung für die lateinische Endung *-io*, die Vorgänge oder Ergebnisse bezeichnet; „Zurück-ins-Fleisch-Werdung"
2. Man trifft nachts auf ihn; denn er geht im Schlaf spazieren (*somnus; ambulare*); ein „Schlafwandler"
3. *mille*, „tausend"; *annus*, „Jahr" (mit Doppel-n!); also: „Jahrtausendfeier"
4. *ubique* heißt „überall"; und Latein findet sich, dieses Buch zeigt es, überall in unserer Welt.
5. *subsidium* ist „Hilfe". Die Versicherung hilft also nur, wenn bzw. insoweit keine andere zahlt.
6. Eher schlecht, sogar *ganz* schlecht: *pernicies* ist das „Verderben"; -ös ist die deutsche Endung für lateinisch *-osus*, die eine Fülle ausdrückt; also: „voll von Verderben". Die Ärzte meinen damit „unheilbar".
7. *verbum*, „Wort"; *iniuria*, „Unrecht"; also ein „Unrecht durch Worte", eine Beleidigung

Kapitel 13

Der Fehler steckt in der Information zur Zahl 19! Bei häufig gewechselten Pferden waren 75–90 km am Tage durchaus zu schaffen; wechselte man sie gar nicht oder selten, so konnte man immerhin etwa 35 km am Tag zurücklegen. Selbst Fußgänger kamen auf 20 römische Meilen Tagespensum, also 30 km. Spitzengeschwindigkeiten erreichten Eilboten zu Pferde: Sie schafften auf längeren Strecken bis zu 150 km am Tag, auf kurzen Strecken im Ausnahmefall sogar bis zu 300 km.

Kapitel 14

1. *ara*, „Altar" oder „pflüge!"
2. *murum*, „Mauer"
3. *simillimis*, „den ganz Ähnlichen"
4. *teget*, „er wird beschützen"
5. *sedes*, „du sitzt" oder „der Sitz"
6. *mulum*, „das Maultier"
7. *sumemus*, „wir werden nehmen"
8. *solos*, „die Einzigen"
9. *tenet*, „er hält"
10. *Ave, Eva*, „sei gegrüßt, Eva!"
11. *ius sui*, „das Recht auf sich"
12. *animi limina*, „die Grenzen des Geistes"
13. *serva aures*, „pass auf deine Ohren auf!"

Kapitel 17

1. Die Kuh rannte, bis sie fiel um.
2. Mager ist er, dick sie.
3. Die Teekanne is(t) kaputt.
4. Wenn die Laus am Ohr is, pack se, zerdrück se!
4a. Wenn a Laus am Ohr is, pack's, druck's, bis gor is.
5. Vier dusselige Referendare fassten die Lina am Ohre.
6. Dat is ne Pisspott us Colonia.
7. Sieht us wie Latein, is et aber net.

Kapitel 18

1a. Celina ist eine Kurzform für Marcellina, darin steckt der Kriegsgott Mars.
2c. Conny ist eine Kurzform von Konstanze, von *constans*, „standhaft".
3b. und a. Die *gens Claudia* war eines der bedeutendsten römischen Geschlechter; der Name geht wohl auf einen hinkenden *(claudus)* Ahnen zurück.
4c. *cor* ist das „Herz"; *-ula* eine Verkleinerungsform.

5c. Fee ist eine Kurzform von Felizitas; von *felicitas*, „Glück".
6b. *lux* ist das „Licht".
7b. *monere* heißt „mahnen".
8b. Natascha ist die russische Variante von Natalia, darin steckt *(dies) natalis*, „Geburtstag"; „Weihnachten" heißt in Italien „Natale".
9b. Silke ist eine friesische Verkleinerungsform von Cäcilie; sie leitet sich von der *gens Caecilia* ab.
10b. Uschi ist eine Kurzform von Ursula (*ursula*, „kleiner Bär").
11c. Vicky ist eine Kurzform von *Victoria* („der Sieg").
12c. *viola* ist das „Veilchen".
13a. *calvus* heißt „kahlköpfig".
14b. *dominus* ist der „Herr".
15b. Der Name leitet sich von der *gens Aemilia* ab.
16c. *florere* heißt „blühen", *flos* ist die „Blüte".
17c. *iustus* heißt „gerecht".
18c und b. Lars ist eine Kurzform zu Laurenz; der Name leitet sich von Laurentum, einer Stadt in Latium unweit von Ostia, ab. Später wurde eine Verbindung mit *laurus*, „Lorbeer", konstruiert.
19b Marcel ist eine Kurzform von Marcellus, das wiederum eine Verkleinerungsform von Marcus; in ihm steckt der Kriegsgott Mars.
20b. Moritz ist die eingedeutsche Form von Mauritius, das ist eine Weiterbildung von Maurus, „der im nordafrikanischen Mauretanien Geborene", der „Mohr".
21a. *patricius* ist der „Vornehme", „der mit nennenswerten Vätern (*patres*)".
22c. *Romanus* ist der „Römer".
23c. *valens* heißt „stark".
24a. *vincens* ist das Partizip Präsens von *vincere*, also: der „Siegende".

Kapitel 19

1. *ConsILIarIVs kaVfMann has aeDes eXstrVI CVraVIt*
   100 + 1 + 50 + 1 + 1 + 5 + 5 + 1000 + 500 + 10 + 5 + 1 + 100 + 5 + 5 + 1
   = 1790
2. *Mater DeI sIne Labe ConCepta*
   1000 + 500 + 1 + 1 + 50 + 100 + 100 = 1752

3. *Ignes aC fVLgVra aVertat aLtIssIMI DeXtera*
   1 + 100 + 5 + 50 + 5 + 5 + 50 + 1 + 1 + 1000 + 1 + 500 + 10 = 1729
4. *IesVs nazarenVs reX IVDaeorVM*
   1 + 5 + 5 + 10 + 1 + 5 + 500 + 5 + 1000 = 1532
5. *nVnC gaLLICIDIVM*
   5 + 100 + 50 + 50 + 1 + 100 + 1 + 500 + 1 + 5 + 1000 = 1813: Niederlage Napoleons in der Völkerschlacht bei Leipzig

Ablauf der Schutzfrist für die lateinische Sprache: A.D. 11185